Celia Fenn

VOM ABENTEUER, ALS INDIGO- ODER KRISTALLMENSCH ZU LEBEN

Über die Erschaffung globalen Friedens
durch Liebe und Harmonie

Aus dem Englischen von
Anja Ida Becker

Titel der als E-Book erschienenen Originalausgabe:
THE INDIGO CRYSTAL ADVENTURE
Creating Planetary Peace Through Love and Harmony

Copyright © 2005 by Celia Fenn, M.A., Ph.D.

Besuchen Sie uns im Internet:
www.amraverlag.de

2. Auflage: November 2008

Deutsche Ausgabe:
Copyright © 2007 by AMRA Verlag
Auf der Reitbahn 8, D-63452 Hanau
Telefon: +49 (0) 61 81 – 18 93 92
Kontakt: info@amraverlag.de

Herausgeber & Lektor	Michael Nagula
Umschlag & Satz	Günter Treppte
Druck	CPI Moravia Books s.r.o.

ISBN 978-3-939373-06-3

Alle Rechte der Verbreitung, auch durch Funk, Fernsehen und sonstige Kommunikationsmittel, fotomechanische oder vertonte Wiedergabe sowie des auszugsweisen Nachdrucks und der Übersetzung, vorbehalten.

INHALT

Einführung 7

Teil I
Die Indigo- und Kristallkinder

Über die Pioniere der Evolution des Bewusstseins 15

Durchbrecher alter Systeme:
Der Weg des Indigokriegers 20

Krieger des Herzens:
Der Weg des kristallinen Friedensstifters 34

Goldene Aura:
Ein menschlicher Engel mit
multidimensionalem Bewusstsein 49

Teil II
Der erwachsene Indigo- und Kristallmensch

Die Umwandlung vom Indigo-
zum Kristallmenschen beim Erwachsenen 61

Lichter werden:
Der erwachsene Kristallkörper und die neuen Energien 75

Die Navigation durch die multidimensionale Realität:
Nützliche Werkzeuge für eine neue Art zu leben 83

Teil III
Das Geschenk, als Indigo- oder Kristallmensch zu leben

Leben jenseits der Illusionen:
Die bewusste Erschaffung von Realität 91

Keine Schuld, keine Angst – nur Liebe:
Jenseits von Sünde und Karma 112

Der heilige Tanz:
Multidimensionale, herzzentrierte Beziehungen 119

Das Geschenk der Kraft der Liebe:
Bewusste Elternschaft 146

Epilog
Vom Abenteuer, als Indigo- oder Kristallmensch zu leben

Die Gestaltung der künftigen Erde:
Der Höhepunkt des Abenteuers der Indigo-
und Kristallmenschen 159

Botschaft der Kristallkinder	94
Botschaft der Regenbogenkinder	104
Botschaft der Hathoren	109
Botschaft von Erzengel Michael	124
Botschaft der Hathoren	140
Botschaft von Erzengel Michael	160
Botschaft der Hathoren	163

Einführung

Von Anbeginn der Zeit haben sich Eltern mit der Rebellion ihrer heranwachsenden Kinder auseinandergesetzt. Ein bisschen gesunder Menschenverstand, etwas Vernunft und eine Menge Liebe haben es bis zum heutigen Tag ermöglicht, die Gräben zwischen den Generationen zu heilen oder wenigstens erträglich zu machen.

Doch in den letzten zwanzig Jahren ist eine neue Art von Kindern aufgetaucht, die ihre Eltern in Verwirrung stürzen und sie veranlassen, nach Antworten zu suchen – Kinder, die klüger, rebellischer, kreativer und auch sehr viel aufbrausender als vorangegangene Generationen sind.

Die Anzahl der Fälle von Kindern mit einer diagnostizierten Aufmerksamkeitsstörung, mit und ohne Hyperaktivität, stieg seitdem dramatisch an, und viele Eltern brauchten Hilfe! Dann, als wir gerade begannen, das Konzept der *Indigokinder* zu verstehen, wurde eine neue Welle von Kindern geboren, die als freundlicher und sanfter empfunden wurden.

Willkommen, *Kristallkinder!*

Danach dämmerte uns, dass es nicht nur Indigokinder, sondern auch Indigo-Teenager und Indigo-Erwachsene gibt, und schließlich, dass sie in der Lage sind, von ihrem Bewusstseinszustand als Indigomensch eine Umwandlung in den Bewusstseinszustand eines Kristallmenschen zu vollziehen.

Dieses Buch stellt eigens gechanneltes Material und Eingebungen von Erzengel Michael, den Hathoren und den Kristallkindern selbst in der Absicht zusammen, die Natur jenes Abenteuers zu erhellen, das die Indigo-Kristall-Menschen derzeit erleben. Es will helfen, einiges von der Unsicherheit zu beseitigen, die wir alle in Bezug auf dieses Thema empfinden, und es will den Lesern die Gewissheit vermitteln, dass sie *nicht* allein sind. Mit Hilfe der gechannelten Informationen wird dieses Buch näher erläutern, wer und was Indigo- und Kristallkinder sind, wie sie auf das Leben jedes Menschen auf dem Planeten einwirken und wie wir ihre Arbeit mit uns für alle Beteiligten leichter gestalten können.

Das Konzept der Indigokinder wurde erstmals durch Lee Carroll und seine Botschaften von Kryon weltweit ins Bewusstsein gebracht. Kryon sprach davon, dass eine neue Art von Kind auf den Planeten kommen würde und dass dieses Kind grundsätzlich anders als andere Kinder wäre. Das Indigokind war ein *Kind von den Sternen*, und es war mit einer Aufgabe gekommen, die sich auf die Heilung und Umwandlung des Planeten und seiner Völker bezog. In seinem gemeinsam mit Jan Tober geschriebenen Buch *Die Indigo-Kinder* informierte Lee Carroll die Öffentlichkeit und präsentierte Gespräche mit vielen dieser Kinder und ihren Eltern, in der Absicht, den neuen Kindern zu helfen, mit »ihren« Eltern, Lehrkräften und anderen Erziehungsberechtigten besser zurecht zu kommen. Viele Erwachsene waren verwirrt und verstanden wenig von den Problemen dieser Kinder, die deshalb oft für »hyperaktiv« erklärt und mit ADD oder ADHD diagnostiziert wurden.

Von Doreen Virtue folgte *Das Praxisbuch für Indigo-Eltern*, das einen weiteren Beitrag dazu leistete, diesen neuen Menschen bei ihrer Arbeit auf dem Planeten gezielt Hilfestellungen zu geben. Dann gelangten erstmals Informationen über Kristallkinder in unser Bewusstsein, durch ein Channeling von Steven Rother, in dem erklärt wurde, dass nach den Indigokindern eine weitere Gruppe Neuer Kinder auf den Planeten kommen würde und dass dies die Kristallkinder seien. Sie seien wesentlich stärker und hätten eine andere, genauso wichtige Aufgabe in Bezug auf den Planeten zu erfüllen.

Um die Jahrtausendwende herum fiel mir allmählich auf, dass es eine größere Anzahl von Mittzwanzigern gab, die zu mir in die therapeutische Praxis kamen und alle sehr ähnliche Themen und Bedürfnisse hatten. Das war die erste Gruppe von Menschen, der ich begegnete, die allesamt erwachsene Indigos waren, und sie waren gerade im Begriff, in die Phase ihres ersten Saturn-Rückzugs einzutreten. Der Saturn-Rückzug beschreibt ein astrologisches Ereignis im menschlichen Leben, bei dem es darum geht, sich bewusst zu werden, wer und was man ist. Ich begann also mit diesen Indigos zu arbeiten und las buchstäblich alles, was ich über das Thema finden konnte. Und als mich Steve Rothers Arbeit auf das neue Phänomen des Kristallkindes aufmerksam machte, ermöglichte mir das, die diffizilen Unterschiede zwischen einem Indigo- und einem Kristallkind zu erkennen. So begann meine Arbeit mit den Indigo- und Kristallmenschen.

Im Jahre 2001 setzte mein eigener Übergangsprozess vom Indigo- zum Kristallmenschen ein. Als ich eines Tages die Geschichte meiner Seele erforschte, wurde mir bewusst gemacht, dass ich im Kristallzustand geboren worden war, mich jedoch diesem *Bewusstseinszustand verschlossen* beziehungsweise die *hohe Schwingungsfrequenz hinuntergefahren hatte*, um überleben zu können. Die Familie und die Gemeinschaft, in die ich hineingeboren worden war, waren für diejenige, die ich damals war, nicht aufnahmebereit gewesen.

Als frühe Indigo hatte ich schon den größten Teil meines Erwachsenenlebens damit verbracht, eben all die Frustrationen und Probleme eines Indigos durchzumachen. Das war meine Ausbildung gewesen, um später im Leben anderen Indigos helfen zu können. Doch die Bewusstseinsumwandlung, zu der ich im Jahr 2001 erwachte, war anders als alles, was ich jemals zuvor erlebt hatte. Mein Bewusstsein öffnete sich rasend schnell, und die höherdimensionalen Energien durchfluteten mein Wesen, beseitigten Blockaden aus der Vergangenheit und lösten alte Zwänge in so hoher Anzahl auf, dass es unmöglich gewesen wäre, das zu übersehen. Der Stress, der dabei körperlich und seelisch auf mir lastete, war allerdings enorm, und viele Male dachte ich sogar, mein Tod stünde unmittelbar bevor. Hier leistete ich erneut so etwas wie Pionierarbeit, denn dadurch, dass ich dermaßen kämpfen musste, um herauszufinden, was mit mir los war und wie ich mich wieder stabilisieren konnte, war ich später auch fähig, anderen Menschen zu helfen, die kurze Zeit nach mir in den gleichen Prozess der Bewusstseinsumwandlung eintraten.

Inmitten meines eigenen Prozesses begann ich, mich zu einem Medium zu wandeln und Botschaften von Erzengel Michael zu channeln, der auch der Schutzengel der Indigo- und Kristallmenschen ist. Ich erhielt Anweisung, die von Erzengel Michael erhaltenen Informationen allen Menschen zur Verfügung zu stellen, und so gründete ich im Jahr 2003 gemeinsam mit meiner ursprünglichen Partnerin bei Starchild, Kate Spreckley, die Webseite www.starchildglobal.com.

Kate ist eine Indigo-Kristallerwachsene und war früher meine Klientin, hat sich jedoch selbst zu einer Therapeutin und Heilerin entwickelt. Zur Zeit der Gründung der Website erschienen viele Fernseh- und Radiobeiträge von uns zum Thema Indigo-Kristallkinder. So begann unsere breit gefächerte Arbeit.

Die Website brachte uns in Verbindung mit Menschen auf der ganzen Welt, und wir erkannten, was für ein großer Informationsbedarf danach besteht, welchen Anteil wir Menschen an dem Umwandlungsprozess haben, den unser Planet gegenwärtig durchläuft. Dieser Umwandlungsprozess oder diese »Neugeburt« wird auch *Aufstieg* genannt, weil der Planet sich dabei in eine höhere Frequenz oder Schwingung hineinbewegt und es so einem höheren Bewusstsein erlaubt, mit ihm in Resonanz zu treten.

Indigo- und Kristallmenschen sind ein grundlegender und integraler Bestandteil dieses Prozesses. Tatsächlich ist die erst vor kurzem eingetretene Beschleunigung des Umwandlungsprozesses oder Aufstiegs eine direkte Folge des Einflusses jener Kristallwesen, die auf unserem Planeten derzeit als Kristallkinder geboren werden. Diese Kristallwesen *tragen in* sich die Energie, die es den Umwandlungsprozessen überhaupt erst ermöglicht stattzufinden. Sie werden mit einer so hohen Schwingung in ihrem Energiefeld geboren, dass sie durch ihre bloße Anwesenheit diejenigen, die bereit sind, sich mit dem Bewusstsein in ihre kristalline oder Christusschwingung zu begeben, genau dorthin befördern, und zwar gleich gruppenweise. Wenn sich so genügend Menschen auf dem Planeten in dieselbe hohe Schwingung oder Frequenz wie die Kristallmenschen begeben, wird der Planet in dieser Schwingung wiedergeboren. Diese Kinder sind also dabei, die sie umgebenden Erwachsenen in deren eigenem Prozess dahingehend zu unterstützen, dass sie auf dieser neuen Schwingungsebene wiedergeboren werden können.

Viele Erwachsene fragen sich mittlerweile schon, ob sie ein Indigo- oder Kristallmensch sind und ob sie auch an diesem großartigen Abenteuer, als Indigo- oder Kristallmensch zu leben, teilnehmen werden.

Und es ist wahrhaftig ein Abenteuer!

Wir befinden uns mitten im Prozess der Neuerschaffung und Neugestaltung sowohl von uns selbst als auch unseres Planeten. Das ist ein *gemeinschaftliches Projekt der gesamten Menschheit*, nicht das Projekt einer Elitegruppe, bestehend aus Zauberern, Auserwählten und Außerirdischen. Diese Arbeit geht jeden Einzelnen auf dem Planeten etwas an, der die Absicht hat, für die Zukunft etwas Neues und Besseres zu kreieren. Wenn Sie diese Absicht ganz fest in sich tragen, beginnen Sie, mit der Indigoschwingung in Resonanz zu treten, und dann werden Sie auf persönlicher Ebene wachsen, und innerhalb Ihres Energiefeldes werden neue Muster entstehen. So werden Sie Teil der Indigoschwingung.

Und wenn Sie soweit sind, können Sie sich zur Frequenz der Kristallschwingung erheben, und Ihr Bewusstsein kann damit beginnen, in der Kristall- oder Christusenergie zu erwachen. Das ist für die Menschen auf unserem Planeten nun erreichbar.

Zu diesem Zeitpunkt, nachdem Sie die Umwandlung vollzogen haben, werden Sie das Potenzial in sich tragen, dass sich Ihr Bewusstsein dem vollständigen Christusbewusstsein und damit der Erleuchtung öffnet. Dann sind auch Sie ein Teil des Abenteuers geworden, als Indigo- oder Kristallmensch zu leben, während die neue Energie um Sie herum ein neues, weltweites Zuhause für diese entwickelten Wesen aus Materie und Licht gestaltet und webt. Dieses Buch enthält alle Informationen, die Sie auf der Reise unterwegs zum Indigo-Kristall-Menschen brauchen.

Die Informationen hierin wurden dem Planeten von Erzengel Michael, den Hathoren und den Kristallkindern geschenkt, in der Absicht, dass dieses Buch dabei helfen möge, eine Brücke in jene goldene Zukunft zu bauen, die das Geschenk der Indigo-Kristallmenschen an den Planeten ist.

Wir laden Sie ein, an diesem Abenteuer teilzunehmen!

WICHTIGER HINWEIS

Die Absicht der Autorin besteht darin, Sie und Ihre Kinder im Bereich Ihrer spirituellen Fragen mit allgemeinen und hilfreichen Informationen zu unterstützen und mögliche Wege aufzuzeigen. Weder der Verlag noch die Autorin oder Übersetzerin sind verantwortlich für die Art und Weise, wie die hier zur Verfügung gestellten Informationen umgesetzt und genutzt werden. Die Autorin erteilt keinen medizinischen Rat und schreibt auch nicht die Anwendung irgendeiner Technik als Form einer Behandlung von physischen oder medizinischen Problemen vor, weder direkt noch indirekt. Bitte wenden Sie sich in solchen Fällen an einen Arzt.

Teil I
Die Indigo- und Kristallkinder

ÜBER DIE PIONIERE DER EVOLUTION DES BEWUSSTSEINS

In den letzten Jahren wurde viel geschrieben über Indigokinder, Sternenkinder, übersinnlich begabte Kinder und in jüngerer Zeit auch über Kristallkinder.

Unabhängig davon, ob jemand für sich all diese Begriffe mit einem verständlichen Inhalt füllen kann, würden die meisten Menschen der Aussage sicherlich zustimmen, dass die gegenwärtige Generation sich von den vorangegangenen sehr unterscheidet. Diese neuen Kinder scheinen irgendwie gescheiter, aufgeweckter und weiser zu sein.

Sie fühlen sich zu kniffligen und komplexen Technologien hingezogen, und es bereitet ihnen keinerlei Schwierigkeiten, damit umzugehen. Sie sind leidenschaftlich, auf ihr Ziel ausgerichtet und ehrlich in Bezug auf ihre Gefühle. Beziehungen sind ihnen wichtig. Sie sind nicht bereit, sich von alten Auffassungen beherrschen zu lassen, und haben ihre eigenen, ganz klaren Vorstellungen darüber, auf welche Weise sie leben möchten.

Sie besitzen einen starken Willen und sind sich ihres Selbstwertes deutlich bewusst, so dass sie sich häufig völlig verweigern, wenn autoritäre Systeme sie zu dominieren versuchen, sei es in der Schule oder in der eigenen Familie. Oft bekommen sie über ihre schulischen Probleme hinaus auch noch den Stempel ADD oder ADHD aufgedrückt: aufmerksamkeitsgestört, mal mit, mal ohne Hyperaktivität – und als Teenager neigen sie zum übermäßigen Konsum von Drogen und Alkohol oder zeigen andere Formen stark auffälligen Verhaltens.

Wer sind diese Kinder und warum verhalten sie sich auf so extreme Weise?

Eine globale Krise

Um zu verstehen, warum diese Kinder ausgerechnet jetzt auf den Planeten Erde gekommen sind, müssen wir verstehen, warum ihre besonderen Gaben im Augenblick hier so dringend gebraucht werden.

Der Grund ist der, dass unser geliebter Planet Erde im Verlauf seiner Evolution gerade in eine Zeit der Krise eingetreten ist.

Wir Menschen, als Kinder der Erde, befinden uns hinsichtlich unseres Wachstums derzeit in einer Sackgasse, in einer Phase der Stagnation. Wir haben uns in und mit unseren gesellschaftlichen Systemen selbst lahm gelegt. Sie sind unpersönlich geworden und dem höheren Wohl der menschlichen Gemeinschaft nicht länger förderlich.

Wir haben Wirtschaftssysteme sowie Schulsysteme und das Gesundheitswesen aufgebaut, die einst die Gesellschaft unterstützen sollten, doch nun eher an Ertrag und Profit interessiert zu sein scheinen. Mehr und mehr Menschen auf der Welt sind dabei zu verarmen, sowohl in materieller als auch in spiritueller Hinsicht, während eine kleine Minderheit immer mehr Macht und Wohlstand für sich anhäuft.

Als Menschen haben wir vergessen, dass wir eine Familie sind und ein Zuhause miteinander teilen, unseren Planeten, die Erde. Wir fahren damit fort, sie im Namen der Wirtschaftsentwicklung mit Müll zu überladen, und bringen uns weiter in sinnlosen Kriegen gegenseitig um, die so oft im Namen von *Religion* und *Freiheit* geführt werden.

In eben dieser Situation werden uns die Indigokinder und Kristallkinder, die Sternenkinder, gesandt. Als spirituelle Krieger kommen sie, um unser Bewusstsein zu verändern.

Sie sind hier, um uns vor Augen zu führen, was wir uns selbst und einander antun und wie notwendig es ist, dass wir unser gesellschaftliches Leben verändern, damit Situationen gestaltet werden können, die für uns geistig nahrhafter, friedlicher und liebevoller sind und die unser weiteres Wachstum als menschliche Spezies fördern.

Über das Kommen der Indigokinder
Als Erstes kamen die Indigokinder. Sie sind spirituelle Krieger, deren Aufgabe darin besteht, die überholten Systeme in der Gesellschaft zu demontieren, damit etwas Neues erschaffen werden kann. Sie sind *Durchbrecher* alter Systeme, die uns aus den Gefängnissen befreien wollen, in denen wir uns auf Grund unserer Glaubenssätze befinden.

Zu diesem Zweck inkarnieren sie in unseren Familien und Gemeinschaften. Dabei bringen sie ihre Begabungen und ihre große, spirituelle Reife mit und auch ihre seelische Kraft, die im Indigolicht strahlt, was auf einen hohen Stand an Bewusstheit und Weisheit hinweist. Doch gerade, weil sie so bewusst und geistig wach sind, lassen sie es nicht zu, von den unpersönlichen Systemen auf der Erde eingeengt oder versklavt zu werden.

Sie machen uns bewusst, dass sanfte, weise und hoch bewusste Wesen in den Systemen, die *wir* erschaffen haben, nicht gedeihen und sich nicht gut entwickeln können.

Das hohe Maß an Verhaltensstörungen, das heranwachsende Indigokinder und Indigo-Teenager in unserer Gesellschaft entwickeln, ist ein deutliches Zeichen dafür, dass in unserer Gesellschaft etwas falsch läuft und sie sich dahingehend verändern muss, dass auch hoch begabte und hoch bewusste Wesen einen angemessenen Platz in ihr finden können.

Über das Kommen der Kristallkinder
Die Indigokinder sind die Wegbereiter, jene, die uns durch Konfrontation in ein wacheres Bewusstsein hineinführen und auf diese Weise zu Veränderungen anregen. Ihre Nachfolger sind eine noch einflussreichere Gruppe, die Kristallkinder. Diese Kinder sind die *Krieger des Herzens*. Sie sind hier, um uns die Wege der Liebe und des Friedens zu lehren. Kristallkinder werden für potenzielle »Meister« gehalten, die in sich den Keim des Christusbewusstseins tragen. Dieser Begriff bezieht sich auf ein Wesen, das sich seiner Verbindung mit der göttlichen Quelle deutlich bewusst ist und sich entscheidet, im Einklang mit diesem inneren Wissen zu leben.

Da diese Kinder auf einer so hohen Bewusstseinsebene funktionieren, sind sie extrem feinfühlig, sowohl in Bezug auf ihre Umwelt als auch in Bezug auf die Gefühle und Emotionen anderer. Sie sind gekommen, um uns etwas über Toleranz und Respekt für andere Menschen und Lebewesen beizubringen sowie für unser Zuhause, den Planeten Erde.

Lehrer des wachen Bewusstseins

Es trifft sicher zu, dass fortgeschrittene Religionen und Philosophien diese Wahrheiten schon seit Jahrhunderten lehren und die Menschheit als Ganzes bisher trotzdem nicht in der Lage war, diese Lehren zu verstehen und umzusetzen. Möglicherweise liegt das daran, dass die entsprechenden Konzepte lediglich als geistige Vorstellungen aufgefasst wurden, ohne dass sie im gesellschaftlichen Alltag als Realität gelebt und erlebt werden.

Die Indigo- und Kristallkinder sind hier, um uns mit der Realität dieser Wahrheiten auf der Ebene unserer Familien und Gemeinschaften zu konfrontieren. Allein durch ihre Anwesenheit zwingen sie uns, aufzuwachen und endlich zu begreifen, was wir uns und unserem Planeten antun. Sie machen das auf die Art und Weise spiritueller Krieger, indem sie ihre Wahrheit leben und uns dadurch unsere eigene Wahrheit ins Bewusstsein bringen.

Vom Abenteuer, als Indigo- oder Kristallmensch zu leben

Für diese Wesen, die mit einem so hohen Bewusstsein ausgestattet sind, ist es ein Abenteuer, zu dieser Zeit auf dem Planeten Erde als Mensch geboren zu werden. Auf höherer Ebene ist es für sie ein gemeinschaftliches Projekt, für das viele Tausende dieser Seelen gerade dabei sind, auf die Erde zu kommen, als Lehrer und Heiler der Menschheit.

Sie sind hier, um uns aufzuwecken und zu tun, was immer getan werden muss, um uns auf eine Weise zu konfrontieren, dass wir zu einem klaren und wachen Bewusstsein kommen. Allerdings sind sie auch hier, um das Leben zu genießen. In den Jahren, in denen ich mit Indigomenschen therapeutisch gearbeitet habe, war die Sehnsucht nach Freude und Spaß im Leben immer ein wichtiges Thema.

Sie nehmen im Allgemeinen ihre Aufgaben nicht unter dem Aspekt der Bürde der Verantwortung wahr, und deshalb sind sie auf ihre Aufgaben oft nicht genügend vorbereitet und bekommen mit den Systemen und Glaubenssätzen hier auf der Erde Probleme. Es ist unsere Aufgabe als Erwachsene, diese Kinder darin zu unterstützen, die Eigenarten des Lebens auf der Erde zu begreifen, und ihnen dabei zu helfen, zugleich aber auch den Spaß und die Freude entstehen zu lassen, nach denen sie sich sehnen.

Es ist wichtig, dass wir sie im alltäglichen Leben fest darin bestätigen, dass wir sie in ihren Bedürfnissen hören und verstehen, und es ist wichtig, dass wir willens sind, ihnen bei ihrer Lebensaufgabe der Evolution des menschlichen Bewusstseins zu helfen.

Das Entstehen der »Neuen Erde«
Das Ziel der Evolution des Bewusstseins der Menschheit als Ganzes besteht darin, eine neue Erde zu erschaffen. Mit Unterstützung der Indigo- und Kristallkinder werden wir, als Spezies, unsere *Einheit* und unsere Menschlichkeit im Allgemeinen neu entdecken.

Und wir werden dieses wiederentdeckte Wissen dazu nutzen, unser Bewusstsein anzuheben, und eine neue Erde entstehen lassen, auf der jedes Lebewesen sich gut entwickeln kann und auf der es für das respektiert wird, was es ist. Auf der neuen Erde werden die Menschen lernen, sowohl ihre Gemeinsamkeiten als auch ihre Unterschiede zu achten und hinsichtlich dieser Unterschiede in liebevoller Toleranz miteinander zu leben.

Die neue Erde wird ein Ort sein, an dem die unglaubliche Mannigfaltigkeit gefeiert wird, die unsere Einheit als Menschheit charakterisiert und die unser Leben als Menschen im Bereich unseres Bewusstseins zu einem Abenteuer werden lässt.

Durchbrecher Alter Systeme:
Der Weg des Indigokriegers

»Indigokinder« ist die Bezeichnung für eine besondere Gruppe von Wesen, die sich entschieden haben, auf unserem Planeten als Menschen mit einer ganz spezifischen Lebensaufgabe und einem ganz spezifischen Ziel geboren zu werden.

Die Bezeichnung »Indigokind« nimmt auf die Indigofarbe der Seele Bezug, ein Anzeichen dafür, dass wir es hier mit einer Meisterseele zu tun haben, die ihren Mitmenschen als Lehrer oder Heiler dient. Jedes Indigokind wird auf die eine oder andere Weise dieser Lebensaufgabe nachgehen, häufig schon dadurch, dass es einfach es selbst ist.

Indigomenschen kommen schon lange auf unseren Planeten. Einige sind der Ansicht, dass Jesus und Buddha Indigomenschen waren, weil ihre Lebensaufgabe auf globaler Ebene im Lehren und Heilen bestand und darin, das Bewusstsein der Menschheit zu verändern.

In der jüngeren Vergangenheit begannen Indigomenschen nach dem Ende des Zweiten Weltkrieges in steigender Zahl auf dem Planeten zu inkarnieren, um den globalen Wandel des Bewusstseins vorzubereiten, den wir gerade erleben. Sie inkarnierten in der Baby-Boom-Generation der Fünfzigerjahre, und sie waren unter den Blumenkindern, die in den Sechzigern geboren wurden. Allerdings gab es während dieser Jahrzehnte keine ausreichende Anzahl von ihnen hier auf dem Planeten, um einen bedeutsamen Bewusstseinswandel bewirken zu können.

Dann, im Verlauf der Siebzigerjahre des zwanzigsten Jahrhunderts, wurde die erste Welle einer ganzen Generation von Indigokindern auf dem Planeten geboren. Diese Menschen sind nun

Ende Zwanzig und Anfang Dreißig, und sie sind die wahre Generation spiritueller Krieger, die mit dem Prozess der Konfrontation und des Bewusstseinswandels in Bezug auf die alten, gesellschaftlichen Systeme begonnen haben.

Ihnen folgten in den Achtziger- und Neunzigerjahren Indigokinder mit immer höherer Sensilibität und einem gesteigerten Feingefühl, bis hin zu den späten Neunzigerjahren und dem Beginn des neuen Jahrtausends, als sich ihnen die Kristallkinder anschlossen, eine andere Wesensart des spirituellen Kriegers.

Woran ein Indigomensch zu erkennen ist

Ich werde im Verlauf meiner Arbeit oft gefragt, woran ein Indigomensch eigentlich zu erkennen ist. Die naheliegendste Antwort lautet, dass es die Farbe seiner Aura ist, seines Energiefeldes. Aber das stimmt so nicht, nicht alle Indigomenschen haben jederzeit eine dunkelblaue Aura. Die Bezeichnung Indigo bezieht sich auf einen Zustand der Seele und nicht auf die Farbe der Aura. Bei der durchschnittlichen Aura eines Menschen ändert sich die Farbe von Tag zu Tag in Abhängigkeit von der Stimmung und Interessenlage. Hellsichtige, die den Zustand der Seele wahrnehmen können, sind möglicherweise in der Lage, einen Indigomenschen zu erkennen.

Wie dem auch sei, es ist leicht, einen Indigomenschen an seiner Feinfühligkeit, Kreativität, Spiritualität und anhand allgemeiner Verhaltensweisen zu erkennen.

Als Kinder unterscheiden sie sich äußerlich nicht von anderen Kindern, obwohl sie meistens sehr hübsch sind und einen ziemlich durchdringenden Blick haben. Sie sind immer hoch intelligent und voller Fragen und Ansprüche, voller Energie und Tatendrang. Sie besitzen einen starken Willen und ein klares Bewusstsein für ihren eigenen Wert und ihre eigene Wichtigkeit. Sie wissen, dass sie etwas Besonderes sind und dass sie hier sind, weil sie etwas Bedeutsames zu tun haben.

Sie orientieren sich über die rechte Gehirnhälfte und fühlen sich im Allgemeinen zu den Betätigungsfeldern der rechten Gehirnhälfte hingezogen, wie Musik, Kunst, Schreiben und Spiritualität.

Sie lieben Kristalle, Reiki, Meditation und Yoga. Sie sind sehr gefühlvoll und enorm loyal ihren Freunden gegenüber, von denen sie oft sehr viele haben. Sie glauben an die Wichtigkeit von Aufrichtigkeit und Kommunikation in Beziehungen. Es verwirrt sie häufig, wenn Ältere es ihnen gegenüber für nötig halten, unehrlich und manipulativ zu sein, oder andere Formen selbstbezogenen Verhaltens zeigen. Ihre Haltung gegenüber Geld ist entweder ablehnend, oder sie besteht in einer sehr klaren Bewusstheit über dessen Macht; dann streben sie danach, oft mit Erfolg, für sich selbst Wohlstand zu erschaffen.

Eine auffällige Eigenschaft von Indigomenschen sind ihre Wutausbrüche. Sie lassen sich von sogenannten *Autoritätspersonen* nichts befehlen. Indigomenschen erkennen die Autorität anderer grundsätzlich nicht an. Sie wissen, dass jeder von uns gleichwertig ist und ärgern sich deshalb über alle, die für sich selbst Autorität über andere beanspruchen und sich diktatorisch verhalten, seien es Eltern, Lehrer oder Vorgesetzte.

Dies ist der Grund, warum sie als spirituelle Lehrer so wichtig sind, denn sie bringen uns etwas über unsere eigene Kraft bei und lehren uns eine respektvolle Haltung uns selbst gegenüber, indem wir unsere Kraft nicht an andere Menschen abtreten, auch dann nicht, wenn sie es von uns verlangen. Sie bringen uns bei, unsere kreativen und spirituellen Anteile zu schätzen und keinen gesteigerten Wert auf materiellen Erfolg zu legen.

Das Indigokind

Indigomenschen sind als Kind voller Tatendrang, Energie und Vorstellungskraft. Sie können sich gut mit sich selbst beschäftigen und spielen stundenlang in ihrer eigenen Welt, häufig mit imaginären Freunden! Sie lieben die Feenwelt und Delphine.

Die Jungen haben oft eine Tendenz, sich hyperaktiv und störend zu verhalten. Das ist möglicherweise kulturell bedingt und wird wohl vor allem dadurch hervorgerufen, dass unsere Gesellschaft Wert darauf legt, männliche Dominanz zum Ausdruck zu bringen, was die Jungen schon im frühen Alter begreifen.

Die außergewöhnliche Intelligenz von Indigokindern kann Erwachsene zur Verzweiflung treiben. Sie wollen nicht, dass ihnen *einfach so gesagt wird,* was sie zu tun haben, sie wollen darüber diskutieren und verhandeln über jede kleine Anordnung. Sie werden fortfahren, diesen Elternteil mit Machtkämpfen und Auseinandersetzungen zum Thema Durchsetzung des eigenen Willens zu konfrontieren, bis der Elternteil begreift, dass ihm gerade beigebracht wird, das Recht seines Kindes auf eigene Entscheidungen zu respektieren und diese Entscheidungen anzuerkennen.

Die beste Art, mit einem Indigokind umzugehen, ist bereit zu sein zu verhandeln, zu erklären und ihm verschiedene Wahlmöglichkeiten anzubieten. Bloße Anweisungen der Art *mach jetzt, was ich Dir sage* werden bei dem Kind lediglich Trotz oder Phlegma hervorrufen.

Indigokinder haben häufig eine starke Abneigung gegen die Schule. Sie fühlen sich gelangweilt von der (für sie) zu schleppenden Vorgehensweise und den ständigen Wiederholungen, die Lehrer bei Kindern für angemessen halten, deren Intelligenz sie nicht erkennen.

Junge Indigoseelen wehren sich gegen Autoritätspersonen und Gruppenzwang, der für sie recht überwältigend sein kann, weil sie das Konzept der *Machtausübung über andere* nicht verstehen, die Formen von Dominanz und Unterwerfung, die in den Gesellschaften auf der Erde üblich sind.

Die hohe Schwingung einer solchen Seele zeigt an, dass sie entweder schon länger nicht mehr auf der Erde inkarniert war oder es überhaupt ihre erste Inkarnation hier ist, und dann kann der Sozialisationsprozess auf sie ziemlich verwirrend wirken.

Probleme in der Schule, einschließlich einer gestörten Aufmerksamkeit mit und ohne Hyperaktivität, sind das Ergebnis von Langeweile und Irritation.

Auch manche Lernstörungen wie beispielsweise Schwierigkeiten, das Lesen zu erlernen, sind oft ein Zeichen dafür, dass das Indigokind sich alternativer Seinsformen und Denkweisen bedient.

Der Indigo-Teenager

Wie die meisten anderen Heranwachsenden wird ein Indigo beim Erreichen der Pubertät Stimmungsschwankungen erleben und stärker in sich gekehrt sein, während sich der Körper verändert. Junge Indigos werden oft aber schon in dieser Lebensphase beginnen, den ausgeprägten Materialismus und die Dramen zu durchschauen, die in der modernen Welt die Grundlage des Lebens der meisten Erwachsenen bilden.

Sie distanzieren sich dann in der Regel deutlich von dieser Art zu leben und entscheiden sich für einen alternativen Lebensstil, den sie für sinnvoller und freudvoller erachten, und manchmal wählen sie ihn auch nur aus reiner Provokation gegenüber den Erwachsenen.

Leider beinhalten viele dieser alternativen Lebensformen die Verwendung von Drogen und vielgestaltige Trance-Parties, auf denen sie nach chemisch induzierten Zuständen der Glückseligkeit suchen, die doch nur kurzlebig sind und sie süchtig machen.

Zu diesem Zeitpunkt ist der Indigo-Teenager eigentlich dabei, seinen oder ihren Ärger zum Ausdruck zu bringen, die Ablehnung eines Gesellschaftssystems, das einer Indigoseele nichts von Bedeutung zu bieten hat. Die betroffenen Eltern können versuchen, ihre Kinder zu therapeutischen und rehabilitativen Programmen zu bringen, aber sie werden nicht umhinkommen, sich zu fragen, warum dermaßen intelligente und kreative Teenager scheinbar so häufig den Willen entwickeln, sich selbst zu zerstören.

Eine andere Form selbstzerstörerischen Verhaltens legt der Teenager an den Tag, wenn er die Werte seiner Eltern in einem Maße übernimmt, dass er unablässig nach Höchstleistungen strebt. Das kann beängstigend sein, denn Indigomenschen sind von Natur aus sehr begabt und talentiert. Indigo-Teenager entwickeln oft phänomenale akademische und technische Fähigkeiten, um Anerkennung und Erfolg zu finden. Doch sie opfern dafür aus Zeitgründen ihre emotionale Entwicklung, was sich im späteren Leben schädigend auswirken kann, wenn sie versuchen, bedeutungsvolle Beziehungen aufzubauen.

Der junge Indigo-Erwachsene

In ihren Zwanzigern und mit Anfang Dreißig lassen sich Indigomenschen in der Regel in zwei Gruppen einteilen.

Die erste Gruppe folgt dem Lebensweg eines Yuppies und erschafft sich Wohlstand, üblicherweise durch eine Karriere als Informatiker oder Künstler. Diese Indigos sehnen sich nach einer festen Beziehung, Kindern und dem Aufbau einer Familie. Doch sie haben mit den Anforderungen und Normen der gesellschaftlichen Systeme von Heirat, Familie und dem Erwerb des Lebensunterhaltes zu kämpfen. Ihre Indigoseelen wollen ihre Essenz zum Ausdruck bringen und sich selbst treu bleiben, während sie zugleich immer noch dabei sind, den Erfolg zu erreichen, den unsere Kultur ihnen vorschreibt.

Die zweite Gruppe entscheidet sich für das Aussteigen, und diese Personen reisen oft ungewöhnlich viel, werden zu Weltbürgern und finden es äußerst schwer, sich irgendwo niederzulassen. Sie haben oft keinen festen Beruf oder keine feste Arbeitsstelle und führen einen alternativen Lebensstil, zu dem auch Drogenkonsum gehört. Während sie oft nach außen hin behaupten, glücklich zu sein, sind sie innerlich frustriert über ihre Unfähigkeit, in beruflicher Hinsicht sogenannten normalen Tätigkeiten nachzugehen und eine Familie zu gründen oder dauerhaft etwas zu einer Gemeinschaft beizutragen.

Beide Gruppen sind im Grunde bemüht, für sich neu zu definieren, was es heißt, als Erwachsener in der modernen Welt zu leben. Sie suchen nach einer Lebensweise, die es ihnen ermöglicht, ihre innere Wahrheit zu leben und zugleich Glück und Stabilität zu erreichen. Sie bilden die Generation, die versucht, neue Wege und Möglichkeiten für das Leben als Erwachsener auf der neuen Erde zu finden und diese auch mit Inhalt zu füllen.

Durchbrecher alter Systeme:
Indigokinder und das Schulsystem

Der gesellschaftliche Bereich, in dem Indigos bisher die größte Wirkung entfalteten, ist das Schulsystem. Wie schon erwähnt, orientieren sie sich vorwiegend über die rechte Gehirnhälfte und sind voller Energie und Tatendrang. Sie haben eine Abneigung gegen zu langes Stillsitzen, nehmen ungern Anweisungen entgegen und langweilen sich bei Wiederholungen und Übungsaufgaben, die für sie keine Herausforderung darstellen.

Da das schulische Leben vorwiegend aus solchen Erfahrungen besteht, liegt auf der Hand, dass Indigos Probleme haben und Probleme verursachen werden.

Die Orientierung über die rechte Gehirnhälfte bringt mit sich, dass Indigokinder in einem Schulsystem, dessen Bildungsplan auf die Aktivierung der linken Gehirnhälfte ausgerichtet ist, sehr damit zu kämpfen haben, ihr Interesse und ihre Konzentration aufrechtzuerhalten.

Ihr großes Bedürfnis, ihrer Energie durch Bewegung Ausdruck zu verschaffen und ihre Langeweile loszuwerden, führt dazu, dass sie sich im Unterricht ruhelos und störend verhalten. Wenn sie dann auch noch in ihren Leistungen hinter ihre Mitschüler zurückfallen, können sie zusätzlich unter Stress geraten und Angstzustände bekommen.

Die Diagnose der Ärzte lautet bei Indigokindern gewöhnlich Aufmerksamkeitsstörung (ADD) oder Aufmerksamkeitsstörung mit Hyperaktivität (ADHD), was aus medizinischer Sicht bedeutet, dass im Gehirn eine minimale Fehlfunktion vorliegt. Für Eltern bedeutet das, dass sie die Wahl haben, ob sie ihr Kind als krank betrachten wollen oder lieber davon ausgehen, dass es ein Repräsentant der nächsten Stufe der menschlichen Evolution ist und es weder braucht noch wünscht, sechs oder sieben Stunden täglich hinter einem Tisch zu sitzen und gesagt zu bekommen, was es denken soll.

Schauen wir den Tatsachen ins Auge: Das heutige Schulsystem ist überholt und funktioniert so nicht mehr. Ursprünglich wurden Schulen dazu eingerichtet, die Kinder der Oberschicht zu erziehen, die reich genug waren und auch die Zeit hatten, sich geistig zu betätigen. Schulbildung galt damals als Statussymbol. Erst nach und nach, im neunzehnten und zu Beginn des zwanzigsten Jahrhunderts, wurde Schulbildung zum Allgemeingut.

Doch was macht das Schulsystem mit den Kindern? Die meisten Indigomenschen sind sich darin einig, dass das, was ihnen in der Schule beigebracht wird, nur selten eine Bedeutung für das wirkliche Leben hat. Die Schule reduziert sie auf geistige Erfahrungen und Kopfgeburten, und die meisten Indigos wünschen sich das wahre Leben als ihren Lehrer. Hinzu kommt, dass sie das Sitzen hinter einem Schultisch für sechs Stunden täglich als bloßes Training dafür ansehen, im späteren Leben jeden Tag acht Stunden oder länger in einem Büro hinter einem Schreibtisch sitzen zu können. Und an einem solchen Lebensweg haben die meisten Indigomenschen ohnehin kein Interesse.

Heutzutage bestehen Schulklassen üblicherweise aus etwa dreißig Kindern und einer Lehrkraft. Dieses System funktioniert deshalb, weil die Kinder einverstanden sind, dass ein Lehrer sie anleitet und kontrolliert. Wenn jedoch mehr und mehr Indigokinder dazu »nein« sagen, beginnt das System allmählich zu wackeln.

Möglicherweise bringen die Indigokinder uns bei, dass es bessere Arten des Lernens gibt. Möglicherweise wird das Kind der Zukunft neben ein paar Stunden am Tag für das Erlernen von Grundkenntnissen im Umgang mit Sprachen und Zahlen frei dafür sein, seine Projekte selbst auszuwählen, an denen es dann unter der Aufsicht von Eltern und Lehrern in der Gruppe tätig ist. Solche Projekte könnten sich am wirklichen Leben ausrichten und für die Lernenden wie auch für die Gruppe von großem Nutzen sein.

Inzwischen sagen immer mehr Indigokinder »nein« zur formalen Schulbildung.

Geschichten über Indigomenschen

Es folgen nun einige Geschichten aus dem wahren Leben, die ich bei meiner Arbeit mit Indigomenschen erfahren habe:

Ich traf Alison, als sie fünfzehn Jahre alt war und gerade die Schule abgebrochen hatte. Sie war attraktiv, intelligent und feinfühlig. Sie kam aus einer wohlhabenden Familie, ihr Vater war ein angesehener Mediziner. Alison weigerte sich strikt, weiter zur Schule zu gehen und hatte begonnen, Drogen zu nehmen.

Ihre Eltern wussten nicht, wie sie mit der Situation umgehen sollten, und sahen sich gezwungen, ihr zu erlauben, die Schule zu verlassen, und sich mit ihrem Drogenkonsum und ihrer Rebellion zu beschäftigen. Sie wurde in einem Reha-Programm für junge Drogenabhängige untergebracht.

Beruflich wollte sie gern Reiki und das Heilen mit Kristallen erlernen, war aber eigentlich noch zu unreif für eine Heilerin. Schließlich wurde sie Fotomodell und erhielt Aufträge in London und Tokio. Sie verdiente enorme Geldsummen, die es ihr ermöglichten, die Welt zu bereisen. Durch ihre Attraktivität fehlte es ihr auch nie an männlicher Begleitung im Leben.

Wie kann man einem Indigo-Teenager wie Alison vermitteln, dass er weiter zur Schule gehen müsse? Sie musste es ganz offensichtlich nicht. Sie war durchaus fähig, ein Leben zu führen, das mehr beinhaltete, als die meisten Menschen sich zu erträumen wagen, und das sogar, ohne Jahre an der Schule und an einer Universität verbracht zu haben. Das ist typisch für Indigomenschen: Sie überwinden das gesellschaftliche System und nutzen es zu ihrem Vorteil, statt sich davon kontrollieren zu lassen.

Peter hingegen nahm keine Drogen, sondern durchlebte während seines letzten Schuljahres eine Phase tiefer Depression. Auch er brach die Schule ab, und ebenfalls nicht aus Mangel an schulischen Leistungen oder wegen des Erfolgsdrucks, sondern weil er die Sinnlosigkeit und Scheinhaftigkeit des Schulsystems durchschaute. Sein Vater war dagegen, doch seine Mutter, bei der er lebte, gestattete ihm eine Reise.

Nach einigen Monaten, in denen er seine Depressionen ablegte, entschied sich Peter dafür, nicht wieder auf die Schule zurückzukehren, sondern ein technisches Diplom anzustreben, für das er kein Schulabschlusszeugnis benötigte. Diese Möglichkeit ließ ihm die Zeit, seinen anderen Interessen im Leben nachzugehen, nämlich alternative Heilmethoden und gesündere Lebensstile.

Eher tragisch ist die Geschichte von Jamila, einem jungen Mädchen asiatischer Herkunft, das ebenfalls in seinem letzten Schuljahr die Schule abbrach. In Jamilas Fall sind ihre Eltern Akademiker mit höchsten Ansprüchen, und Jamila hatte wirklich alle Mühe, dem Druck standzuhalten, die gleiche Leistung wie ihre Eltern zu erbringen. Außerdem äußerte sie ihren Ärger darüber, dass ihre Eltern ihrer eigenen Karriere deutlich mehr Zeit widmeten als ihrer Tochter.

Jamila ist immens begabt, feinfühlig und liebevoll und obendrein noch wunderschön. Dennoch entwickelte sie eine Essstörung als äußeres Zeichen dafür, dass in ihrer Welt eben doch nicht alles in Ordnung ist.

Unglücklicherweise betrachten die Eltern ihre Tochter nun als *Problemfall* und suchen nach jemandem, der sie *heilen* kann. Sie sind nicht in der Lage einzusehen, dass ihr eigenes Verhalten und das System, in dem sie sich selbst so gut entwickelten, ihrem Indigokind und seinem sanften und feinfühligen Lebensverständnis derart abträglich ist.

Auf der eher heiteren Seite des Lebens ist wiederum die Geschichte der vierjährigen Kim angesiedelt, die ihrer Mutter mitteilte, dass sie nicht vorhabe, jemals in die Schule zu gehen. Sie habe die Absicht, Mutter zu werden, wenn sie groß geworden sei, und dafür, so erklärte sie ihrer Mama, müsse sie ja nicht zur Schule gehen.

Ihre Mutter war etwas anderer Ansicht und meldete Kim in der Waldorfschule vor Ort an. Die Waldorf- und Montessorischulen scheinen derzeit für Indigokinder die besten Schulen zu sein. In manchen Ländern können sich Eltern von Indigos auch für die Möglichkeit entscheiden, ihr Kind zu Hause unterrichten zu lassen, was dem Kind flexiblere Lernmöglichkeiten bietet und zugleich sicherstellt, dass es auch die notwendige Bildung erfährt.

Durchbrecher alter Systeme:
Indigokinder und das Gesundheitssystem

Ein weiterer Bereich, in dem Indigokinder ihre Präsenz spürbar werden lassen, ist das Gesundheitssystem. Das ist das Ergebnis ärztlicher Diagnosen von Aufmerksamkeitsstörung (ADD), auch in Verbindung mit Hyperaktivität (ADHD), was beides als minimale

Fehlfunktion des Gehirns verstanden wird. Die Antwort der medizinischen Wissenschaft sind entsprechende Medikamente, in den meisten Fällen *Ritalin* oder *Medikinet (Methylphenidat)*, manchmal auch Antidepressiva wie *Fluctin (Fluoxetin)*.

Ich habe ein Kind gesehen, das erst sieben Jahre alt war und von einem Mediziner schon Antidepressiva verschrieben bekommen hatte. Ich habe einen angesehenen Kinderarzt sagen und empfehlen hören, dass Dreijährige auf *Ritalin* gesetzt werden sollten.

Es wird viel über die Vorzüge und Nachteile von *Ritalin* diskutiert, und ich werde an dieser Stelle nicht in diese Diskussion eingreifen. Es soll genügen, wenn ich sage, dass *Ritalin* eine Droge ist, die zur Klasse der Amphetamine zählt. Sie hat Nebenwirkungen, kann zu Entzugserscheinungen führen und ist bei Missbrauch suchterzeugend.

Im Hinblick auf Indigokinder liegt die eigentliche Bedeutung dieser Diskussion darin, dass mittlerweile viele Menschen ein Gesundheitssystem in Frage stellen, das kleinen Kindern stimulierende Drogen verabreicht, die bewirken, dass die chemischen Vorgänge in ihrem Gehirn verändert werden, nur damit Erwachsene die Möglichkeit bekommen, mit dem Verhalten eines kleinen Kindes umzugehen, das nicht dem normalen Verhalten des durchschnittlichen Kindes entspricht.

In meiner therapeutischen Arbeit mit Kindern habe ich ein breites Spektrum von Kindern kennengelernt, von begabten und aufgeweckten bis zu solchen, die Lernstörungen an den Tag legen oder autistisch sind.

Durch all diese Erfahrungen bin ich persönlich zu der Überzeugung gelangt, dass es so etwas wie ein durchschnittliches Kind gar nicht gibt. Jedes Kind gleicht einer Schneeflocke, so einzigartig und individuell ist es, und jedes Kind hat seine ganz eigenen Herzenswünsche und Bedürfnisse.

Unsere Schulsysteme sind jedoch auf das durchschnittliche Kind ausgerichtet, und wenn ein Kind dieser Modellvorstellung nicht genügend entspricht, bekommt es Drogen verabreicht, damit es dieser Modellvorstellung mehr entspricht. Dr. Peter Breggin, ein amerikanischer Psychiater, der gegen die Verwendung von *Ritalin* ist, weist darauf hin, dass die Symptome, die angeblich ADD oder ADHD anzeigen, lediglich ein Kind charakterisieren, das ein bestimmtes Energieniveau aufweist – das höchste!

Menschen, die erfolgreich mit Indigokindern arbeiten, ziehen es vor, diese Kinder nicht als aufmerksamkeitsgestört oder hyperaktiv zu bezeichnen, sondern als *kinästhetische Lerntypen*. Sie weisen darauf hin, dass sie Lernmethoden brauchen, die ihrem Energiezustand angemessen sind – statt *Ritalin*.

Auch die Ernährungsweise hat beträchtliche Auswirkungen auf Kinder. Stimulantien wie Koffein, raffinierter Zucker und Nahrungsmittelzusätze üben allesamt einen ungünstigen Einfluss auf Kinder aus, die ohnehin schon ein hohes Energieniveau aufweisen. Es ist bekannt, dass es überreizten Indigokindern hilft, wieder in einen ausgeglichenen Zustand zu kommen, wenn man diese Substanzen aus der Nahrung weglässt und sie vorwiegend frische, biologisch-organische Nahrungsmittel zu sich nehmen lässt. Viele Indigokinder bevorzugen diese Art der Ernährung sogar von sich aus, wenn man ihnen die Möglichkeit gibt. Doch vielbeschäftigte Eltern erschweren oft die Lage, indem sie den Kindern verarbeitete Nahrungsmittel oder Fertignahrung zu essen geben, wodurch deren sensible Organsysteme in Aufruhr gebracht werden.

Auch in diesem Punkt sind Indigokinder wieder dabei, uns etwas beizubringen: die Wichtigkeit einer ganzheitlichen Lebensweise, natürlicher Therapieansätze und Heilmethoden sowie natürlicher, nicht industriell verarbeiteter Nahrung. Außerdem sind sie eine Herausforderung für ein medizinisches Verständnis, das pharmazeutische Drogen als Wunderwaffen betrachtet, ungeachtet der Konsequenzen und Nebenwirkungen.

Wenn ein Indigokind unglücklich geworden ist
Wenn Indigokindern die Möglichkeit gegeben wird, zum Ausdruck zu bringen, wer sie sind, wenn sie anerkannt und respektiert werden, können sie sich zu sehr feinfühligen, liebevollen und begabten Menschen entwickeln. Wenn nicht, haben sie die Tendenz, in

der Pubertät Verhaltensstörungen und eine selbstzerstörerische Einstellung zu entwickeln.

Die weite Verbreitung von Drogenkonsum, Essstörungen und Verhaltensstörungen unter den Indigo-Teenagern ist ein deutliches Anzeichen dafür, dass die Art und Weise, wie wir gesellschaftlich miteinander umgehen, nicht mehr richtig funktioniert.

Bitte sagen Sie Ihrem Indigokind niemals, es genüge nicht
Indigomenschen werden mit dem starken Gefühl geboren, dass sie eine wichtige Lebensaufgabe haben. Sie sind die spirituellen Krieger des indigofarbenen Strahls, wissend, dass sie auf diesem Planeten etwas wahrhaft Bedeutendes zu erledigen haben.

Doch vom Moment ihrer Ankunft auf diesem Planeten an werden sie mit negativen Äußerungen bombardiert, die sich auf ihr Selbstwertgefühl auswirken. Sobald sie ihre ersten eigenen Schritte machen, bekommen sie ständig *Tu dies nicht, tu das nicht* zu hören und werden mit Aussagen konfrontiert, die darauf hinauslaufen, sie wären dumm.

Ich habe eine Vierjährige erlebt, die mir mitteilte, sie sei leider dumm. Wie schädigend sich das auswirken kann, besonders bei einem Indigokind, muss ich wohl nicht eigens erwähnen.

Wenn ein Indigokind durch solche Aussagen dazu gebracht wird, sich als wertlos oder ungenügend zu empfinden, neigt es dazu, sich für einen Versager zu halten. Solche Kinder haben den Eindruck, bei ihrer Lebensaufgabe versagt zu haben, und das macht sie in der Folge depressiv, zornig, neurotisch und selbstzerstörerisch.

Also bitte, wenn Sie ein Indigokind erziehen oder für es sorgen, stellen Sie sicher, dass Sie in Ihren Worten und in Ihrem Verhalten die Bedeutung und den Wert des Kindes bekräftigen.

Respektieren Sie es für das, wer es ist, unabhängig davon, wie sehr es sich von *Ihrer* Persönlichkeit unterscheidet. Kinder sollten nicht dazu gezwungen werden, die Abziehbilder ihrer Eltern zu werden oder die Hoffnungen ihrer Eltern zu erfüllen. Erlauben Sie Ihrem Kind, zu sein, wer es ist, und es wird gedeihen und sich gut entwickeln.

Geschichten über Indigomenschen
Ich habe mit vielen Indigomenschen gearbeitet und ihnen dabei geholfen, in ihrem Leben Ausgeglichenheit und Erfolg zu finden.

Die neunjährige Sonya kam mit schlimmen Ekzemen zu mir, die den ganzen Körper überzogen. Sie konnte schlecht schlafen und war angespannt und depressiv. Für die weiterführende Behandlung der Ekzeme vermittelte ich sie an einen Homöopathen. Der Homöopath verwendete Naturheilweisen und Homöopathie in Verbindung mit einer speziellen Ernährungsweise zur Behandlung der Ekzeme. Gleichzeitig arbeitete ich mit Sonya und setzte Methoden für den Ausgleich ihrer Energiesysteme, Visualisierungstechniken und Kristalle ein, um ihr zu helfen. Nach mehreren Monaten berichtete ihre Mutter, dass die Ekzeme fast vollständig ausgeheilt waren. Sonya war glücklich und genoss ihr Leben.

Die vierundzwanzigjährige Lara suchte mich in einem tief depressiven Zustand auf. Sie war arbeitslos, obwohl sie eine begabte Künstlerin war, und weinte sich ihren Weg durch unsere ersten Sitzungen. Ich arbeitete achtzehn Monate lang intensiv mit ihr, bei einer Sitzung pro Monat. Wir setzten Techniken der emotionalen Reinigung und der Regression ein, Ausgleichmethoden für ihre Energiesysteme und Kristalle.

Lara fand einen Arbeitsplatz, der ihren Talenten entsprach, und wechselte schließlich zu einem Job, der außerdem noch berufliche Reisen mit sich brachte. Sie war über die Veränderungen und den Wandel in ihrem Leben durch die spirituelle Arbeit begeistert. Ihr Leben verbesserte sich auch in sozialer Hinsicht. Sie zog zu Hause bei ihrer Mutter aus und wohnte künftig in einer Wohngemeinschaft mit einer Freundin zusammen.

Krieger des Herzens:
Der Weg des kristallinen Friedensstifters

Kristallkinder stehen für den nächsten Schritt in der menschlichen Evolution. Sie sind die Nachfolger der Indigokinder, und ihre Lebensaufgabe besteht darin, das von den Indigokindern begonnene Werk zu vollenden. Während die Indigokinder Durchbrecher alter Systeme sind und sich hier aufhalten, um alte und begrenzende Lebensanschauungen zu demontieren, sind die Kristallkinder zu uns gekommen, um den Prozess der Erneuerung und des Wiederaufbaus einzuleiten.

Die vorrangige Lebensaufgabe eines Kristallkindes besteht darin, Wege aufzuzeigen und zu lehren, wie wir in einer multidimensionalen Wirklichkeit voller Harmonie, Frieden und Liebe leben können. Sie sind hier, um uns beizubringen, wie wir unser Leben so führen können, dass wir vollständig in unserer Kraft sind. Sie wollen uns wieder mit den göttlichen weiblichen Energien verbinden und diese mit der göttlichen Männlichkeit ins Gleichgewicht bringen. Sie stehen für den Weg der menschlichen Rasse in die Zukunft. Eines ihrer zauberhaftesten Geschenke an uns ist, dass sie als Katalysatoren für unsere Evolution dienen.

Viele Indigokinder und Indigo-Erwachsene sind gerade dabei, mit Hilfe der energetischen Anhebung, die von den Kristallkindern schon allein durch ihre bloße Anwesenheit zu dieser Zeit auf der Erde ausgeht, in den Kristallzustand überzuwechseln. Gemeinsam mit den Indigokindern tragen die Kristallkinder dazu bei, den Aufstiegsprozess des Planeten Erde voranzubringen.

Woran ein Kristallkind zu erkennen ist
Kristallkinder kann man in erster Linie an ihrer Aura erkennen, die

meistens kristallklar ist, aber auch schimmernde Farbtöne aus Gold, Indigoblau und Magenta aufweisen kann, je nach ihrer Strahlenzugehörigkeit. Kristallkinder haben schon von Geburt an Zugang zu ihrem multidimensionalen Selbst und sind im Allgemeinen in der sechsten Dimension beheimatet, doch tragen sie in sich die Fähigkeit, ihr Bewusstsein, sobald der Planet sich entsprechend entwickelt hat, der neunten Dimension zu öffnen, der Dimension des voll erwachten Christusbewusstseins. Möglicherweise wird das um das Jahr 2012 herum geschehen, wenn die erste Generation der Kristallkinder ihr zwölftes Lebensjahr erreicht.

Es ist wichtig zu begreifen, dass das Kristallkind ein *Christuskind* ist, dessen Lebensziel es ist, die Christusenergie zu verkörpern und auf eine Weise zu halten, dass die Menschen gemeinsam, als Gruppe, zu dieser Ebene des Bewusstseins aufsteigen können.

Kristallkinder begannen in geringerer Anzahl um das Jahr 1998 auf den Planeten zu kommen, damals wurden ihre Pioniere geboren. Seit der Jahrtausendwende kommen sie in größerer Anzahl. Je mehr von ihnen hier leben, umso müheloser halten sie den Energiepegel, der dafür sorgt, dass immer noch mehr Kristallseelen als Kinder auf der Erde geboren werden.

Kristallkinder werden fast immer in ein Zuhause hineingeboren, in dem sie von ihren Eltern zutiefst erwünscht sind und wissen, dass sie dort geschätzt und geliebt werden. Sie sind meistens Kinder von Indigo-Eltern und kommen oft nach einem Geschwisterkind zur Welt, das ein Indigokind war. Das Indigo-Geschwisterkind dient dazu, den Energiepegel zu halten und die Eltern schon einmal auf die neuen Möglichkeiten vorzubereiten, wie die Neuen Kinder am Besten zu erziehen sind.

Das Kristallkind und seine Beschaffenheit
auf der physischen Ebene

Es gibt einige sehr typische Merkmale auf physischer Ebene, die viele Kristallkinder aufweisen, wenn sie auf der Erde inkarnieren. Im Allgemeinen sind es große Babys, deren Kopf oft auch noch überproportional groß für ihren Körper ist.

Häufig besitzen sie auch große Augen, die tief blicken können, und sie mustern andere Menschen gern lange und gründlich. Das kann auf Erwachsene, die es nicht gewöhnt sind, dass ein Kind in ihnen liest, sehr irritierend wirken. Das Kind sucht dann tatsächlich einen Zugang zu Ihrer Akasha-Chronik, Ihren Seelenaufzeichnungen, um darin zu lesen, wer Sie wirklich sind.

Aus Sicht dieser Kinder ist das ein ganz normales Verhalten, und sie würden sich Ihnen ebenso öffnen, wie sie es von Ihnen erwarten. Wesen im Kristallzustand kommunizieren auf diese Weise völlig selbstverständlich miteinander: Sie schauen in die Seele eines anderen, um dadurch zu erkennen, wer er in seiner Gesamtheit ist. Das werden wir alle noch lernen.

In emotionaler Hinsicht sind es meistens sehr ruhige und brave Babys, die zu ihrer Mutter eine sehr innige Beziehung aufbauen. Diese innige Beziehung kann möglicherweise bis zum Alter von vier oder fünf Jahren anhalten und auch als Klammern an die Mutter aufgefasst werden. Für viele dieser Kinder ist es ihre erste Inkarnation auf der Erde, und sie brauchen die Bestätigung und Stabilität ganz besonders, die ihnen die Mutter durch ihre physische Anwesenheit bietet. Außerdem sind es äußerst liebevolle Kinder, die oft versuchen, leidenden Menschen oder auch Tieren zu helfen.

Sie sind obendrein ausgesprochen feinfühlig. Ein Kristallkind ist nicht nur im Stande, die Seelenaufzeichnungen einer Person zu lesen, sondern auch all die ungelösten Spannungen und den unterdrückten Ärger aufzufangen und zu empfinden, den jemand vielleicht auf unbewusster Ebene mit sich herumträgt. Das ist der Grund, warum Kristallkinder so empfindlich auf ihre Umgebung reagieren. Sie können auch sehr empfindlich auf Nahrung reagieren und Nahrungsmittelallergien entwickeln.

Ein Kristallkind zu erziehen, kann daher eine echte Herausforderung sein. Die ungelösten Themen der Eltern werden von ihm deutlich gespürt, und es wird von vergifteten Emotionen besonders negativ beeinflusst. Die Eltern eines Kristallkindes müssen willens sein, ihre ungelösten Themen zu bearbeiten und aufzulösen, um diesem Kind ein Zuhause bieten zu können, in dem es voller Geborgenheit heranwächst.

Doch möglicherweise ist die ungewöhnlichste Eigenschaft der Kristallkinder ihre Seelenstärke. Sie sprühen nur so vor lauter Kraft. Sie bringen anderen bei, in ihre Kraft zu kommen, und sind selbst mächtige Meisterseelen. Zum jetzigen Zeitpunkt mögen sie sich in einem kleinen Kinderkörper befinden, doch sie besitzen die Seelenstärke und die Energien eines Meisters auf der Ebene der sechsten Dimension. Das ist der Grund, warum es ganz wesentlich ist, dass die Eltern wirklich bereit sind, sie zu respektieren und alles mit ihnen zu besprechen. Andernfalls wird genau diese Seelenstärke für Machtkämpfe verwendet werden, welche die Eltern nie gewinnen können.

Kristallkinder haben auch keinen wirklichen Begriff und kein echtes Verständnis von Angst. Sie fühlen sich jederzeit sicher und können ihre Eltern oder Aufsichtspersonen mit allerlei Verhaltensweisen zur Verzweiflung treiben, die aus Sicht der Erwachsenen viel zu riskant oder unbedacht sind. Dem Kind muss oft liebevoll erklärt werden, dass und warum die Erwachsenen manche seiner Verhaltensweisen gefährlich finden. Für ein Kristallkind ist die Erfahrung, auf der physischen Ebene zu leben, noch neu. Es versteht die Grenzen des Körpers nicht, solange ihm nicht auf kindgerechte Art erklärt wird, dass einige Handlungsweisen für den Körper schlimme Folgen haben können.

Über die besonderen Fähigkeiten der Kristallkinder
Kristallkinder haben viele besondere Talente, die auf ihren multidimensionalen Fähigkeiten beruhen. Wie bereits erwähnt, besitzen sie die Fähigkeit, die Energiefelder anderer Menschen zu lesen und telepathisch mit anderen zu kommunizieren, sowohl untereinander als auch mit ihren Eltern.

Kristallkinder sind eng mit anderen Kristallkindern der gleichen Altersgruppe und des gleichen Bewusstseinsstandes verbunden. Auf feinstofflicher Ebene unterstützen und helfen sie einander. Das trifft bis zu einem gewissen Grad auch auf Indigokinder zu, doch ist dieses Merkmal bei Kristallkindern stärker ausgeprägt. Weil sie von Geburt an voll im Bewusstsein ihres Herzchakras sind, ist es ihnen möglich, sich mit dem Gruppenbewusstsein gleichaltriger Kristallkinder zu verbinden und auf diese Weise Informationen zu empfangen. Das ist der Grund, warum manche Kristallkinder bis zum Alter von vier oder fünf Jahren nicht sprechen. Es besteht für sie einfach keine Notwendigkeit zu sprechen, da sie auch auf andere Weise Informationen erhalten. Erst wenn im Kindergarten die Sozialisation außerhalb der Familie anfängt, beginnen sie den Grund zu verstehen, warum sie mit denen, die keine telepathischen Fähigkeiten besitzen, sprechen sollten.

Viele Kristallkinder haben von Geburt an noch weitere übersinnliche Begabungen, wie Telekinese oder die Fähigkeit, ein Buch zu lesen, ohne es zu öffnen. Es wird berichtet, dass sie sich selbst heilen und in ihrem Körper durch die Kraft ihrer Gedanken Veränderungen hervorrufen können. Doch diese Art von Begabungen ist nicht der eigentliche Grund ihrer Anwesenheit auf der Erde. Sie schlummern in jedem Menschen, und wir müssen uns nur daran erinnern, wie wir Zugang zu ihnen bekommen. Die Kristallkinder bringen es uns bei. Es ist ihnen wirklich wichtig, dass wir in unsere Kraft kommen und lernen, voll im Bewusstsein unseres Herzchakras zu sein, und beginnen, aus einem inneren Wissen der Liebe und Einheit heraus zu handeln.

Über Schwierigkeiten, die den Eltern von Kristallkindern möglicherweise begegnen

Es besteht ein Zusammenhang zwischen dem Kommen der Kristallkinder und der steigenden Anzahl autistischer Kinder auf dem Planeten. Aus metaphysischer Sicht sind autistische Kinder solche, die nicht vollständig in ihrem physischen Körper inkarniert sind und sich entschieden haben, den größten Teil ihrer Energien in den höheren Dimensionen zu lassen. Sie haben also den Schwerpunkt ihrer Aufmerksamkeit auf andere Dimensionen gerichtet und können sich nicht gut mit der physischen Ebene verbinden. Meistens sind es Anspannung und Furcht, die ein Kind dazu veranlassen, eine solche Entscheidung zu treffen. Und während immer mehr von den feinfühligen Seelen der Kristallkinder kommen, um hier auf diesem Planeten zu inkarnieren, werden viele von den Energien auf der Erde so sehr traumatisiert, dass sie sich lieber vorrangig in den höheren Dimensionen aufhalten.

Dennoch sind autistische Kinder Lehrer der Herzensliebe. Ich habe mit vielen autistischen Kindern gearbeitet und sie genau beobachtet. Und ich habe festgestellt, dass sie, jenseits des sogenannten Problemverhaltens, sehr liebevolle und strahlend schöne Seelen sind. Ihre verzögerte Sprachentwicklung wurde ja schon weiter oben erläutert.

Ebenso wie Indigokinder leiden viele Kristallkinder, während sie älter werden, unter Aufmerksamkeitsstörungen, weil soviel hochschwingende, schöpferische Energie durch ihre Körpersysteme strömt. Unsere Kultur bietet oft nicht die entsprechenden Kanäle und keinen Anreiz für eine derartige Kreativität, und die Eltern müssen oft einen heftigen Kampf austragen, um diese Energie in schöpferische statt zerstörerische Bahnen zu lenken.

Auch Kristallkinder können Wutanfälle bekommen und sehr manipulativ sein. Das liegt daran, dass ihnen der Prozess der Manifestation eines Wunsches auf der physischen Ebene noch neu ist und sie sich oft bedroht fühlen, wenn ihre Gestaltung der Umwelt von einem Erwachsenen durchkreuzt wird. Ein Kristallkind ist ein sehr starker Gestalter seiner Umwelt und wird versuchen, sie so zu gestalten, dass sie ihm sicher und angenehm erscheint. Erscheint die Umwelt dem Kind anders, wird es versuchen, sie mit allen Mitteln zu verändern, einschließlich heftiger Wutanfälle, Manipulationen und anderer Machtspiele.

Ich bin schon oft in meinen eigenen Therapieräumen von Kristallkindern ausgetrickst worden. Sie erfassen sofort, dass ich sie auf irgendeine Weise analysieren will, und das finden sie langweilig und unangenehm. Also weigern sie sich, mit mir zusammenzuarbeiten und Bilder mit mir zu malen. (Indigokinder dagegen finden es immer ganz großartig, zu malen und mir so ihre Kreativität vorzuführen.) Kristallkinder bringen ihre Kreativität aber noch viel unmittelbarer zum Ausdruck. Die unvergesslichste Therapiesitzung, die ich jemals mit einem Kristallmädchen hatte, begann damit, dass ich sie bat, kleine Aufgaben zu erfüllen, doch sie weigerte sich. Sie brach in Tränen aus, und so ließ ich sie tun, was sie wollte. Sie untersuchte all meine Kristalle, und die Sitzung endete damit, dass wir auf dem Boden saßen und uns gegenseitig Tarotkarten zuschnippten, die wir aufzufangen versuchten. Das Zimmer sah hinterher aus wie ein Schlachtfeld, aber sie hatte die Zeit genossen und wollte zu guter Letzt gar nicht mehr nach Hause. Ich blieb mit der Frage zurück, was eigentlich geschehen war. Ich war von einem Kristallkind in die Gestaltung seiner Umwelt hineingezogen worden, die sich eher durch lustige Verspieltheit als ernsthafte Analyse ausgezeichnet hatte.

Einige Kristallkinder scheinen auch Probleme mit der Koordination zu haben und damit, sich in ihrem Körper aufzuhalten. Für viele ist es das erste Mal, dass sie sich in einem physischen Körper befinden, und sie benötigen möglicherweise Unterstützung darin, mit den Mechanismen des physischen Körpers umzugehen. Ihre Eltern können ihnen dann in Form von Beschäftigungs- oder Spieltherapien helfen, mit kreativen und künstlerischen Kursen oder durch Unterricht in Körperbewegung wie etwa Tanz.

Eine Geschichte über ein Kristallkind
Angela ist sechs Jahre alt. Sie war eines der ersten Kristallkinder, die auf diesem Planeten geboren wurden, und ist eine sehr mutige Seele, eine Vorreiterin des neuen Bewusstseins.

Ihre Mutter brachte sie zu mir, weil sie mit Angelas Hyperaktivität zu kämpfen hatte, und auch wegen Angelas Unfähigkeit, sich an die Gegebenheiten in der Schule zu gewöhnen. Dabei ist sie ein hochbegabtes Kind, das schon vor Schuleintritt lesen konnte. Weil Angela so unglücklich in der Schule war, hatte ihre Mutter sie von einer zur anderen gebracht.

Angela hat sich ihre Mutter gut ausgesucht. Linda leitet eine Kindertagesstätte und ist eine liebevolle und fürsorgliche Person. Sie weigert sich hartnäckig, ihrer Tochter *Ritalin* oder ein anderes Medikament zu geben und ist beständig auf der Suche nach den besten Naturheilmitteln und alternativen Therapien für ihre Tochter.

Angelas Lebensgeschichte ist interessant und macht deutlich, welchen Herausforderungen Kristallkinder und ihre Eltern sich stellen müssen. Sie wurde spät geboren, in der 38. Woche, und die Geburt musste eingeleitet werden. Danach litt sie unter recht vielen Koliken, entwickelte sich ansonsten jedoch normal.

Als Angela zehn Monate alt war, musste ihre Mutter wegen eines kleinen chirurgischen Eingriffs für fünf Tage in ein Krankenhaus. Am vierten Tag hatte Angela, die mit einem Babysitter daheim geblieben war, einen Krampfanfall. Die Diagnose lautete Epilepsie, doch ihre EEGs waren immer normal. Nach diesem ersten Krampfanfall hatte sie durchschnittlich einmal pro Woche einen Grand mal-Anfall, obwohl es auch vorkam, dass sie drei solcher Anfälle an einem Tag hatte.

Es scheint, als stehe Angela in einer sehr engen Verbindung zu ihrer Mutter. Das Übermaß an Schmerz, das Linda im Krankenhaus erlebte, und somit an elektrischer Energie, war an Angela weitergeleitet worden und hatte ihr Körpersystem völlig in Aufruhr versetzt, bis es sich als Krampfanfall manifestierte. Und nachdem sie einmal auf diese Weise überstimuliert worden war, strömte dieses Übermaß an Energie immer weiter in sie hinein.

Angela entwuchs schließlich den Krampfanfällen, doch im Alter von sechs Jahren hatte sie erneut einen, zu einem Zeitpunkt, als sie an den Mandeln operiert wurde. Erneut war die Energie des Schmerzes zuviel für ihr Körpersystem. Seitdem leidet sie unter regelmäßigen Kopfschmerzen und einem Summen im Kopf, was aus meiner Sicht ein Anzeichen dafür ist, dass sie die Energien hören kann, die durch sie hindurchströmen.

Linda ließ eine Computertomographie von Angelas Gehirn machen, um sicherzugehen, dass die dauernden Kopfschmerzen ihrer Tochter keine ernsthafte Ursache hatten. Das CT war normal, zeigte jedoch, dass Angelas Schädel verhältnismäßig groß ist und deshalb zwischen Gehirn und Schädelknochen ein Spalt bleibt – offenbar ein evolutionärer Schritt. Möglicherweise bereitet sich die menschliche Spezies auf eine höhere Gehirnkapazität vor oder einfach auf einen größeren Kopfumfang, um die wuchtigeren und stärkeren Energien der feinstofflichen Körper eines multidimensionalen Wesens tragen zu können.

Ich schlug Linda eine Ernährungsumstellung vor, weil sich das günstig auf Angelas Kopfschmerzen auswirken könnte. Angela hatte nämlich die Neigung, nach Junkfood zu verlangen. Kristallkinder haben sehr empfindliche Verdauungssysteme, und das Übermaß an Giften in Angelas Leber konnte sehr wohl die ständigen Kopfschmerzen hervorrufen.

Einige Verhaltensweisen von Angela grenzen sogar an Autismus. Sie wiegt sich oft hin und her und dreht sich gern schnell im Kreis, außerdem ist sie ständig aktiv, und es fällt ihr schwer, sich zu konzentrieren. Wie sie mir selbst sagte, ist einfach zu viel Energie in ihrem Körper. Dennoch ist sie nicht autistisch, sondern nur ein sehr aufgewecktes, wundervolles und liebevolles Kind. Sie kann auch sehr bestimmend und manipulativ sein. Doch wie ich oben schon erläuterte, sind das Verhaltensweisen, die Kristallkinder anwenden, um sicherzustellen, dass sie bei der Gestaltung ihrer Umwelt Erfolg haben.

Die meisten Menschen, die Angela kennen lernen, finden sie hinreißend, zärtlich, aufgeweckt und liebevoll, doch das Zusammensein mit ihr ist auch recht anstrengend, weil sie ständig nach Aufmerksamkeit und Anregungen verlangt. Ich glaube, das wird sich mit zunehmendem Alter legen, wenn sie allmählich herausfindet, wer sie ist und welchen Beitrag sie zur Entwicklung des Planeten leisten kann.

Und ich bin zuversichtlich, dass ihre fürsorgliche Mutter bis dahin für ihre notwendige Sicherheit und Stabilität sorgen wird.

Über die Lebensaufgabe eines Kristallkindes

Die vorrangige Lebensaufgabe aller Kristallkinder besteht darin, die menschliche Evolution durch den Aufstiegsprozess voranzubringen. Sie sind hier, um uns aufzuwecken und uns zu zeigen, wie wir auf vollkommen neue und andere Weise leben können. Allein dadurch, dass sie in beachtlicher Anzahl auf den Planeten kommen und ihre Kristallenergie halten, helfen sie uns schon bei der Verschiebung der planetarischen Energien.

Doch sie sind auch hier, um uns beizubringen, in unsere Kraft zu kommen und Zugang zu unseren multidimensionalen Fähigkeiten zu erlangen. Ein Kristallkind fühlt sich erst dann wohl, wenn es sich zwischen den verschiedenen Dimensionen oder Realitätsebenen hin und her bewegen kann. Es ist in keiner Weise durch die dreidimensionale Welt begrenzt, auch wenn es hier in der dreidimensionalen Realität einen physischen Körper und eine Aufgabe besitzt. Diese Kinder sind vorwiegend auf die sechste Dimension eingestellt, und sie tragen genau diese Energie und bringen sie mit auf den Planeten.

Die in unserer Realität vorherrschende Energie schwingt langsamer. Kristallkinder werden hyperaktiv, wenn sie den Fluss der höher schwingenden Energien nicht mehr handhaben können. Im Allgemeinen gilt: je höher die Energie eines Menschen schwingt, umso friedlicher und ruhiger ist er. Darin besteht der ganze Trick, höher schwingende Energie zu bewältigen. Er besteht darin, zu erkennen, dass wir uns nicht beeilen müssen, die eigene Realität durch äußerliche Aktionen in der materiellen Welt zu kontrollieren. Ein multidimensionales Wesen weiß, dass man durch die Prozesse von *Absicht* und *Manifestation* von den höheren Dimensionen aus auf die Realität Einfluss nimmt, doch stets in Übereinstimmung mit dem göttlichen Willen.

Kristallkinder *zwingen* uns somit geradezu, ruhiger zu werden und damit zu beginnen, den Energiefluss so zu lenken, wie sie es tun. Wir sollen verstehen, dass es genug Zeit gibt, das Leben zu erkunden, kreativ zu sein und Erfahrungen zu machen, und dass wir absolut nichts zu tun brauchen, außer dem Fluss der höheren Energien zu erlauben, uns in neue und andere Erfahrungsbereiche zu führen. Und dass es ausreicht, die feste Absicht zu haben, dass dieser Energiefluss in förderlichen und angenehmen Bahnen verläuft.

Selbstermächtigung, in der eigenen Kraft zu stehen, ist ein elementarer Bestandteil des Lebens in der multidimensionalen Wirklichkeit. Kristallkinder *wissen* von Natur aus, dass sie sich niemals in eine Opferrolle begeben oder in Dramen hineinziehen lassen müssen, die ihnen eine Opferrolle abverlangt. Sie wissen, wie sie durch die Prozesse des *Miterschaffens* und der *Manifestation* ihre eigene Kraft nutzen können. Aber sie erwarten von ihren Eltern, dass sie es genauso machen. Und wenn ihre Eltern nicht in Liebe und Respekt die Realität mitgestalten, wird es zu Problemen kommen. Zum Glück suchen sich die meisten Kristallkinder Eltern aus, in der Regel Indigomenschen, die bereits weise genug sind, um diese Prinzipien zu verstehen.

Und dieser Lebensweise liegt ein einziges Prinzip zugrunde: das *Einheitsbewusstsein*. Kristallkinder verstehen diese Einheit. Sie leben sie. Sie spüren die Energien anderer, sobald sie den Fuß vor die Tür setzen. Sie nehmen Anspannung und Stress in sich auf, die nicht ihre eigene Anspannung und nicht ihr eigener Stress sind. Sie spüren die Gifte in der Umwelt und in der Nahrung. Und sie werden sicherstellen, dass wir eine Welt ins Leben rufen, die sauberer und harmonischer ist und für uns alle angenehmer.

Über die Erziehung eines Kristallkindes:
Der bewusste Erziehungsprozess

Kristallkinder verlangt es danach, auf eine Art und Weise erzogen zu werden, die ganz anders ist, als es die gängigen Erziehungsmuster vorschlagen.

Zunächst sehnen sie sich danach, in den gesamten Prozess der Schwangerschaft einbezogen zu werden, gleich von der Empfängnis an, wenn nicht sogar noch in der Zeit davor. Sie werden regelmäßig versuchen, mit ihren künftigen Eltern Kontakt aufzunehmen und mit ihnen zu kommunizieren und dabei auch bestimmte Bitten an sie richten.

Nach meiner Erfahrung beinhalten diese Bitten üblicherweise Dinge wie das Rauchen aufzugeben und eine gesündere Lebensweise zu führen, denn das Kind kann nicht in einem materiellen Körper inkarnieren, der auf der physischen Ebene voller Gifte ist. Es können auch Bitten dahingehend kommen, dass die Eltern mit ihrem inneren Kind arbeiten und sich auf emotionaler und mentaler Ebene von Giften befreien, bevor sich das hoch schwingende Kristallkind sicher genug fühlen wird, durch ein Elternpaar zu inkarnieren.

Kristallkinder werden nur kommen, wenn sie von ihren Eltern eingeladen werden und von ihnen erwünscht sind. In der Arbeit mit schwangeren Müttern stelle ich immer sicher, sowohl vor als auch nach der Geburt, dass wir das Kind auf der physischen Ebene willkommen heißen und ihm versichern, dass es geliebt und umsorgt werden wird. Eine Sitzung mit der werdenden Mutter pro Monat erscheint mir am günstigsten, um sicherzustellen, dass alles gut verläuft, und um den Eltern gegebenenfalls Botschaften des Kindes durchzugeben.

Kristallkinder verlangen auch danach, dass *beide* Elternteile in den Erziehungsprozess involviert sind. Ich habe mehrere Botschaften von Kristallkindern erhalten, die darum baten, dass Mutter und Vater im Rahmen des Erziehungsprozesses in ihre Kraft kommen, dass beide sich an der Ernährung und Versorgung beteiligen. Das durchbricht die Ohnmacht erzeugenden Verhaltensmuster, in denen die Väter nur die Versorger, aber emotional abwesend sind, und die Mütter nur die Umsorgenden, doch finanziell geschwächt und abhängig sind. Kristallkinder möchten solche Muster nicht übernehmen. Sie wünschen sich mehr Ausgewogenheit und die Erziehung durch beide Elternteile.

Sie wünschen sich außerdem von uns, dass wir Zeiten der Übergänge in ihrem Leben festlicher begehen, mit Zeremonien oder Ritualen. Das bezieht sich neben den schon vor der Geburt beginnenden *Ritualen des Willkommenheißens* beispielsweise auf *Taufzeremonien*, bei denen Familie und Freunde anwesend sind, um nicht nur dem Kind, sondern auch dem Namen Ehre zu erweisen, den das Kind sich ausgesucht hat.

Ja, Kristallkinder suchen sich ihren Namen immer selbst aus und vermitteln ihren Eltern den Namen auf die eine oder andere Weise. Eltern eines Kristallkindes sollten also eher in sich selbst nach einem Namen lauschen als ihn auszuwählen!

Wenn die Kristallkinder erst älter sind, werden sie uns wahrscheinlich noch zu weiteren Ritualen und Zeremonien hinführen, damit wir ihre Fortentwicklung und Übergänge im Leben unterstützen.

Verschiedene Arten von Kristallkindern
Es gibt mehrere unterschiedliche Namen für die Gruppe, die wir als Kristallkinder bezeichnen. Sie verweisen gewöhnlich auf verschiedene Arten von Kristallkindern.

Kristallkinder werden manchmal auch als »Goldene Kinder« bezeichnet. Das bezieht sich darauf, dass sie dazu neigen, auf dem goldenen Strahl der spirituellen Evolution zu inkarnieren. Das bedeutet, dass sie mit all dem Wissen und dem Verständnis einer reifen Seele geboren werden und das Potenzial in sich tragen, zu dem zu werden, was wir in früheren Zeiten einen Avatar nannten. Ein Avatar ist ein Mensch, der einen fortgeschrittenen Bewusstseinszustand aufrechterhält, um dadurch dem Planeten zu dienen. Und bei so vielen potenziellen Avataren, die gerade auf dem Planeten ankommen, können wir sicher sein, dass sich die Erde schon bald und mit hoher Geschwindigkeit in höher schwingende Ebenen hineinbegeben wird.

Doch ein Kristallkind kann mit mehreren Strahlen gleichzeitig verbunden sein, und so inkarnieren viele von ihnen gleichzeitig auch auf dem magentafarbenen Strahl. Das sind die Künstler, Dichter, Musiker und besonders feinfühlige Menschen. Sie sind vorwiegend deshalb hier, um anderen Menschen einen Zugang zu ihren schöpferischen Fähigkeiten zu eröffnen. Sie werden uns wieder beibringen zu tanzen, zu singen, zu musizieren und unsere Erfahrungen als einen Teil des Lebens der multidimensionalen Menschheit zu feiern.

Ich habe auch Kristallmenschen kennen gelernt, Kinder ebenso wie Erwachsene, die überdies noch mit dem indigo-violetten und grünblauen Strahl verbunden sind. Sie scheinen die Aufgabe zu haben, den Planeten zu heilen, und können sich eng mit den höheren Dimensionen des Bewusstseins, den Dimensionen der Engel, verbinden. Sie sind die Lehrer und Heiler des Planeten. Natürlich kann sich ein Kristallmensch auch mit allen diesen Strahlen verbinden und gleichzeitig Künstler, Lehrer und Heiler sein.

Wenn ein Kristallmensch sein Bewusstsein in einem Maß entwickelt hat, dass er sich mit *allen* Strahlen vereinigen kann, die mit der Lebenserfahrung auf dem Planeten Erde in Verbindung stehen, kann er als *Regenbogenkristallmensch* bezeichnet werden.

Es sind bereits einige Kinder geboren worden, die das Potenzial in sich tragen, Regenbogenkristallmenschen zu werden. Ich kenne allerdings niemanden, der schon jetzt mit allen Strahlen in Verbindung steht. Wahrscheinlich ist das noch nicht möglich, doch genau wie das voll erwachte Christusbewusstsein ist das etwas, in das wir hineinwachsen, weil das unser nächster Schritt in der menschlichen Evolution ist.

Über die Geschenke der Kristallkinder an uns: Gegenwart und Zukunft

Während wir für die Kristallkinder sorgen und sie großziehen, sollten wir uns der Geschenke bewusst sein, die sie uns bringen.

Sie sind die Zukunft, sie zeigen uns, in welche Richtung wir uns entwickeln werden, und ihr besonderes Geschenk an uns besteht darin, uns wissen zu lassen, dass wir diesen neuen Bewusstseinszustand *sofort* einnehmen können, wenn wir nur beschließen, ihren Energien zu erlauben, uns auf die nächste Stufe der Evolutionsleiter zu bringen.

Durch ihre Ankunft auf der Erde in so hoher Anzahl beschleunigen sie den Übergang vom Indigo- zum Kristallmenschen, das wir auch spirituelles Erwachen nennen, bei vielen Menschen, die bereits auf dem Planeten inkarniert sind. Und es gibt keine Altersbegrenzung. Sei es mit zehn oder hundert Jahren, jeder Mensch kann von der Welle der Kristallenergie profitieren. Mehr und mehr Erwachsene sind im Moment dabei, in ihr Kristallbewusstsein hinein zu erwachen, und werden zu Kristallerwachsenen.

Das kann ein sehr schwieriger Prozess sein, doch die Kristallkinder tragen und unterstützen uns auf energetischer Ebene, so wie von uns verlangt wird, dass wir sie auf physischer Ebene tragen und unterstützen.

Es ist ein Austausch von Wissen. Sie bringen uns ihr Wissen von der Zukunft, um uns zu zeigen, in welche Richtung wir uns entwickeln werden. Dafür bitten sie uns, ihnen genau das vom Wissen aus der Vergangenheit zu geben, was sie benötigen, damit sie im jetzigen Augenblick der Erdenzeit hier sein können.

Es ist eine Partnerschaft, eine Beziehung, in der sich Zukunft und Vergangenheit im Moment der Gegenwart vereinen. Und innerhalb dieser Vereinigung geschieht das Wunder des Bewusstseinsaufstiegs und der Evolution. Innerhalb dieser Vereinigung von Vergangenheit und Zukunft sind wir soeben gemeinsam dabei, eine neue Erde zu erschaffen und eine neue Spezies hervorzubringen, den menschlichen Engel.

Feiern Sie also Ihr Kristallkind oder Ihr Christuskind als einen Menschen, der Ihnen ein wundervolles Geschenk bringt!

Goldene Aura:
Ein menschlicher Engel mit multidimensionalem Bewusstsein

Die Indigo- und Kristallkinder, die auf diesen Planeten kommen, werden auch als *Sternenkinder* bezeichnet. Das hat den Grund, dass ihre Seelen eher auf den Sternen zu Hause sind als auf der Erde, denn meistens waren sie noch nie auf der Erde inkarniert. Sie kommen zur jetzigen Zeit als Team mit einer besonderen Aufgabe, um diesen Planeten bei seiner Wiedergeburt als höherdimensionale neue Erde und seine Bewohner bei ihrem Übergang in ein höheres Bewusstsein zu unterstützen.

Diese Kinder sehen zwar wie ganz normale Menschen aus, besitzen aber in Wahrheit den Zugang zu einer größeren Bandbreite des menschlichen Potenzials. Sie sind mehr mit dem verbunden, wer sie wirklich sind, näher an der Erkenntnis ihres göttlichen Ursprungs und ihrer göttlichen Essenz.

Indigokinder werden auf dem indigofarbenen Seelenstrahl der Inkarnation und Evolution geboren. Das bedeutet, dass sie Zugang zu den Fähigkeiten der Hellsichtigkeit und des Heilens besitzen. Sie besitzen auch Zugang zu dem, was als vierte und fünfte Dimension des Bewusstseins bezeichnet werden kann. Der Zugang zu den höheren Dimensionen, in Zusammenhang mit den Fähigkeiten, die auf der Verbindung mit dem indigofarbenen Seelenstrahl beruhen, bringt es mit sich, dass Indigomenschen von Natur aus intelligenter, feinfühliger und hellsichtiger sind. Sie sind außerdem sehr kreativ, und es fällt ihnen oft leicht, Zugang sowohl zur rechten als auch zur linken Gehirnhälfte zu bekommen, was es ihnen ermöglicht, ebenso in künstlerischer Hinsicht begabt wie in technischer Hinsicht kompetent und einfallsreich zu sein.

Kristallkinder wiederum werden meistens auf dem goldenen Strahl der Inkarnation und Evolution geboren. Sie haben schon bei der Geburt Zugang zur sechsten Dimension des Bewusstseins und das Potenzial, sich schnell der Ebene der neunten Dimension des voll erwachten Christusbewusstseins zu öffnen und von dort aus schließlich der dreizehnten Dimension, die für das universelle Bewusstsein steht.

Mit dem Hintergrund dieser Begabungen und Fähigkeiten sind Kristallmenschen überaus seelenstark und kreativ. Viele von ihnen tragen den goldenen und den magentafarbenen Strahl, die sie zu Meistern des Erschaffens machen, besonders bei der Arbeit mit Licht und Klang. Hier auf der irdischen Ebene manifestiert sich das als künstlerische und musikalische Kreativität. Jene von ihnen, die den indigo-silberfarbenen Strahl tragen, haben außerdem die Gnade erhalten, als Mütter und Göttinnen des Planeten zu dienen, und tragen die weibliche Schwingung des Heilens und der Fürsorge. Jene mit dem rot-goldenen Strahl tragen die männliche Schwingung der Manifestation und sind meistens aktive Führungspersonen.

Das Kristallkind der Zukunft wird als *Regenbogenkristallmensch* bekannt sein. Das ist ein Mensch, der voll zum Bewusstsein der dreizehnten Dimension erwacht ist und im Stande, in seinem Energiefeld sämtliche Strahlen der Inkarnation und Evolution zu tragen und diese auch weiterzugeben. Es gibt bereits Regenbogenkristallmenschen auf dem Planeten Erde, doch sie haben bislang noch keinen Zugang zu ihrem vollen Potenzial.

Das Spannende an diesen evolutionären Entwicklungen ist für normale Menschen, dass die Indigo- und Kristallmenschen hohe Schwingungen auf den Planeten bringen, um sie mit anderen zu teilen. Durch ihre besondere Art der Anwesenheit auf der Erde unterstützen sie andere dabei, sich für die neuen Schwingungen zu öffnen und ihr eigenes Potenzial vollständig zu erfahren. Das Geschenk der Indigo- und Kristallkinder an den Planeten ist somit das Geschenk der Evolution und des Zugangs eines jeden Menschen, der heute auf dem Planeten lebt, zu seinem vollen Potenzial – wenn er sich dafür öffnet.

Schon jetzt sind zahlreiche Menschen, die diesen Übergang oder Wandel in ihrer Aura zulassen, von ihrem ursprünglichen Bewusstseinszustand der dritten Dimension in die Bewusstseinszustände eines Indigo- und danach eines Kristallmenschen gewechselt, mit Unterstützung der Kinder, die die Schwingungen aufrechterhalten. Diese Erwachsenen sind mittlerweile in der Lage, den goldenen Strahl der Evolution in ihrem achten Chakra zu bewahren, und helfen durch den Aufbau einer Matrix bei der Erschaffung der neuen Erde. Hellsichtige, die fähig sind, die Farben der Aura wahrzunehmen, können das pulsierende goldene Licht deutlich sehen.

Über den menschlichen Engel

Eines der Geschenke dieses Übergangsprozesses besteht darin, dass die Menschen sich dessen bewusst werden, wer sie in Wahrheit sind, dass sie Geist in einem menschlichen Körper sind, mit anderen Worten: *Engel in menschlicher Gestalt.*

Wir sind uns unserer Verbindung zu den höheren Welten schon seit Tausenden von Jahren bewusst, hatten jedoch immer das Gefühl, dass unser menschlicher und materieller Zustand uns irgendwie von unserem engelhaften Erbe ausschließt. Wir konnten zwar in dem Wissen über unser höheres Selbst sprechen, dass wir Zugang zu diesem Teil von uns haben, aber irgendwie gehörte das höhere Selbst nicht ganz zu uns, und unser Zugang beschränkte sich meistens auf kurze Phasen in der Meditation.

Der Grund bestand im Wesentlichen darin, dass unser physischer Körper der dritten Dimension verhaftet war, doch unser höheres oder Engelselbst eine wesentlich feinere und höhere Schwingung aufwies und mehr in den höheren Dimensionen beheimatet war. Somit bestand immer eine Kluft zwischen der physischen Manifestation unseres menschlichen Körpers einerseits und unserem Bewusstsein und unserer spirituellen Realität andererseits.

Nun haben die Erde und ihre Bewohner jedoch durch die energetischen Veränderungen, die der Planet durchlebt und die passenderweise als Aufstieg bezeichnet werden, die Möglichkeit bekommen, vom Bewusstseinszustand der dritten Dimension zu den höheren Dimensionen aufzusteigen. Während dies geschieht, rückt uns die geistige Welt immer näher, bis die Kluft nicht mehr besteht, sondern wir es mit einem Kontinuum zu tun haben, das wir als multidimensionales Bewusstsein bezeichnen können.

Im Zustand des multidimensionalen Bewusstseins ist ein Mensch in der Lage, zu den physischen wie zu den geistigen Welten mühelos Zugang zu finden. Es besteht nicht länger die Notwendigkeit zu tiefer Meditation, denn der Zugang zur geistigen Welt erfolgt unmittelbar und zweifelsfrei.

Ein Mensch im multidimensionalen Bewusstseinszustand hat den Zugang zu seiner Gegenwart oder seinem Dasein als Engel gefunden und betrachtet sich als geistiges Wesen, das auch einen menschlichen Körper hat, durch den er als physisches Wesen auf der physischen Ebene wirken kann.

An diesem Punkt seiner Entwicklung sind sein höheres Selbst und sein niederes Selbst miteinander verschmolzen, und der Mensch ist nun *ein menschlicher Engel.*

Menschliche Engel sind sich allezeit dessen bewusst, dass sie geistige Wesen sind, voller Seelenkraft und schöpferischer Energie. Sie haben weder Zeit für so etwas wie Furcht oder Opfermentalität, noch das Bedürfnis danach. Sie verbringen ihre Zeit viel lieber damit, jene Realität zu erschaffen und zu gestalten, in der sie glücklich und zufrieden sind.

Viele Indigo- und Kristallkinder befinden sich bereits an der Schwelle zu diesem Bewusstsein, wenngleich sie es noch nicht vollständig leben, so wie sich viele Indigo- und Kristallerwachsene an der Schwelle zum multidimensionalen Bewusstsein befinden. Diese neue Art von Menschen ist dazu in der Lage, sowohl ihr menschliches als auch ihr göttliches Erbe anzutreten und die Erde neu zu erschaffen und zu gestalten.

An dieser Stelle muss allerdings betont werden, dass jene, die den Übergang zum Bewusstsein ihres Engelselbst vollziehen, sich absolut der Bedeutung bewusst sein sollten, dass sie Menschen sind, und dass es für sie unerlässlich ist, fest in den physischen Dimensionen und auf der materiellen Ebene verwurzelt zu sein. Es geht bei diesem Übergang einzig und allein darum, den Himmel auf die Erde zu bringen, und bestimmt nicht darum, in irgendeinen abgehobenen paradiesischen Zustand abzudriften.

Auf die menschlichen Engel wartet eine Menge Arbeit: die Erschaffung und Gestaltung einer neuen Welt, die der Himmel auf Erden ist. Und da der Himmel weniger ein Ort als ein Bewusstseinszustand ist, wird die Arbeit dieser menschlichen Engel darin bestehen, die Bewusstseinszustände der höheren Dimensionen hier auf der Erde im Alltag erlebbar zu machen.

Wenn dies erreicht ist, dann ist das die Geburtsstunde einer planetenweiten Kultur, die allen Lebewesen Respekt entgegenbringt, weil sie Manifestationen der Göttlichen Essenz sind. In einer solchen Kultur wird sich der Respekt vor allen Lebewesen als Frieden, Harmonie und Kreativität ausdrücken.

Die Natur des multidimensionalen Bewusstseins

Bis vor kurzem wurden alle Menschen auf der Erde mit einem dreidimensionalen Bewusstsein geboren. Das bedeutet, sie dachten und handelten im Wesentlichen auf der materiellen Ebene, und ihr Alltagsbewusstsein war auf die dritte Dimension beschränkt. Sie lebten in erster Linie auf der Grundlage der ersten drei Chakras, dem materiellen, dem emotionalen und dem mentalen. Wenn es um Spiritualität ging, so wurde sie größtenteils als etwas betrachtet, was sich außerhalb des normalen Alltags abspielt.

Ein Mensch im dreidimensionalen Bewusstseinszustand versteht sich als Einzelner, der von anderen getrennt ist und sich von ihnen unterscheidet. Es gibt dabei kein wirkliches Verständnis eines Bewusstseins der Einheit oder Verbundenheit, das auf eine höherdimensionale Bewusstheit hinweisen würde. Aufgrund dieses Gefühls von Getrenntheit haben die Menschen eine Gesellschaft errichtet, die sich des engen Zusammenhangs zwischen den Menschen und den Folgen ihres Tuns kaum noch bewusst ist. Und diese fehlende Bewusstheit führte dazu, dass die Menschen sich einen Planeten der Trauer und des Leids erschaffen und gestaltet haben, auf dem der Einzelne keine Notwendigkeit sieht, für seine

Gedanken, Gefühle und Handlungen die Verantwortung zu übernehmen. Die Angst, aus einem Mangel an Ressourcen als Einzelner nicht überleben zu können, hat zu Gier und Ungleichgewichten geführt, die wieder behoben werden müssen, um den Planeten für alle Menschen zu einem friedlichen und sicheren Zuhause werden zu lassen.

Die Indigokinder brachten den Schlüssel und das Potenzial für das multidimensionale Bewusstsein auf die Erde. Sie wurden in dreidimensionale Körper hineingeboren, doch befand sich ihr Bewusstsein praktisch in der vierten Dimension, und es war in der Lage, sich in die fünfte zu begeben. Als diese Welle des Indigobewusstseins Anfang der Siebzigerjahre auf dem Planeten eintraf, eröffnete sich für alle Menschen und somit auch für den Planeten selbst die Möglichkeit, in die vierte Dimension zu wechseln.

Auf der Bewusstseinsebene der vierten Dimension werden sich die Menschen des *Universellen Gesetzes der Einheit* bewusst, auch als *Einheitsbewusstsein* bekannt. Dieses Gesetz besagt, dass wir alle eins sind, dass wir alle miteinander verbunden sind und dass das, was auf einen Einzigen von uns einwirkt, seine Auswirkung auf uns alle hat. Indigokinder sind sich dessen bewusst, und das bringt sie dazu, als Krieger für vieles einzutreten, was die Erde heilen wird und die Menschen davon abbringt, ihre Umwelt zu zerstören und zu verschmutzen und anderen Lebewesen Schaden zuzufügen.

Das Gesetz der Einheit fördert im Indigomenschen auch das Verständnis dafür, dass wir alle gleich sind und niemand besser ist als ein anderer. Dieses Gruppenbewusstsein und Bewusstsein *für* die Gruppe bahnt dem Menschen den Weg in die Zukunft. Wenn wir die neue Erde erschaffen wollen, nach der wir uns alle sehnen, werden wir lernen müssen, miteinander und zum höchsten Wohl aller tätig zu werden.

Indigos respektieren die Begabungen und Fähigkeiten jedes Einzelnen, doch machen diese Begabungen niemanden großartiger. Die Spiele des Egos und seine Wichtigtuerei haben im Leben eines Indigomenschen im Grunde keinen Platz mehr.

Wenn ein Indigomensch sein Bewusstsein für die fünfte Dimension öffnet, wird er sich seiner selbst als eines Schöpfers bewusst. Das Bewusstsein der fünften Dimension liebt es, etwas zu erschaffen. Alle religiösen Glaubenssysteme und Wirtschaftssysteme, die es heutzutage auf der Erde gibt, sind Gedankenschöpfungen der fünften Dimension, die wir durch die ständige Unterstützung dieser Gedankenformen am Leben erhalten. Sie bilden ein fünfdimensionales Gitternetz um die Erde. Die meisten niederdimensionalen Wesen sind sich dessen absolut nicht bewusst, dass ihre Gedanken und Verhaltensmuster von dieser Ebene der fünften Dimension aus gesteuert werden.

Wenn ein Indigomensch sein Bewusstsein für die fünfte Dimension öffnet, lehnt er oftmals alle Glaubenssysteme ab und desgleichen die Vorstellung von der Freiheit, neue und alternative Denkweisen und Lebensstile erschaffen zu können. Der Indigomensch nimmt dann die planetarische Lebensaufgabe an, neue Denkweisen und Lebensstile zu kreieren und auf den Planeten Erde zu bringen. Doch auf dieser Ebene geht es immer noch um die Dualität von *Gut* und *Schlecht* und somit um die Frage, welches System am besten für die Erde ist.

Der nächste Schritt beim Aufstieg des Bewusstseins besteht deshalb darin, über die Dualität hinauszugehen und in eine Welt einzutreten, in der alles als Teil eines größeren Ganzen gesehen wird, das dem höchsten Wohl der Gemeinschaft dient.

Dieser fortgeschrittene Zustand ist als Bewusstsein der sechsten Dimension bekannt und bildet die Welt des *Christuskindes* oder *magischen Kindes.*

Alle Kristallkinder werden mit diesem Bewusstseinszustand geboren. Sie haben unmittelbaren Zugang zu den Wunder wirkenden und spirituellen Anteilen in ihnen selbst und können auf fantastische und erfreuliche Weise ihre Phantasie und ihre Schöpferkraft miteinander verbinden. Wenn man ihnen erlaubt, ihre Möglichkeiten im vollen Umfang zu nutzen, würden sie sogleich einen Planeten voller Wunder erschaffen und gestalten. Aber sie müssen sich noch mit dem weitgehend dreidimensionalen Bewusstsein herumschlagen und haben mit den Mustern und Verhaltensweisen zu kämpfen, die sie hier vorfinden.

Wenn das Bewusstsein eines Indigoerwachsenen in den Kristallzustand wechselt, begibt er sich auf die Ebene der sechsten Dimension und hat somit Zugang zum Christusbewusstsein. Er wird dann bewusstseinsmäßig als Christuskind oder als Wunderkind wiedergeboren. Damit stellt sich auch eine Bewusstheit für das Spielerische im Leben ein und für das Spiel des Göttlichen Geistes durch die Menschen auf diesem Planeten. Dann wird das gesamte Leben als segensreich und wundervoll erlebt, und es wird durch das Wirken des Göttlichen Geistes geführt und angeleitet. An diesem Punkt begreift der Mensch das Prinzip der Hingabe an das Fließen der größeren Welle der Evolution, während er auf der individuellen Ebene immer noch sein Recht geltend macht, ein Schöpfer zu sein.

Wenn das Bewusstsein eines Kristallmenschen auf dieser Ebene genügend gereift ist, kann es sich auf die Ebene der siebten Dimension begeben, auf der sich eine Bewusstheit für die Natur der eigenen spirituellen Lebensaufgabe entwickelt.

Ein Kristallerwachsener oder einer mit Christusbewusstsein ist auf dieser Ebene soweit, seine planetarische Lebensaufgabe anzunehmen, als Überträger des höherdimensionalen Bewusstseins an andere zu dienen. Zu dieser Aufgabe kann umfangreiches Lehren und Heilen gehören, oder sie besteht einfach darin, die hoch schwingenden Energien in der eigenen Aura zu tragen, damit andere auf ihrem Weg des Aufstiegs Zugang zu den höheren Schwingungen bekommen.

Von dieser Bewusstseinsstufe an tragen das Kristallkind oder der Kristallerwachsene das Potenzial dafür, ihr Bewusstsein endgültig der neunten Ebene oder dem voll erwachten Christusbewusstsein zu öffnen. Dieses vereinigt die achte Dimension oder archetypische Ebene des Bewusstseins, in der ein Mensch die restlose Kontrolle über den Verlauf seines Lebens auf der Erde erlangt, mit der neunten Ebene, auf der ein Mensch die volle Verantwortung als Hüter des Planeten Erde übernimmt.

Danach besitzt der Mensch das Potenzial, seine Reise zur zehnten Ebene fortzusetzen, auf der er Zugang zu seiner Verantwortung für das Sonnensystem bekommt; dann zur elften Ebene, auf der er Zugang zum Bewusstsein auf der galaktischen Ebene bekommt, und schließlich zur zwölften Ebene, auf der der goldene Strahl des Universellen Bewusstseins den Menschen in den Rang eines vollständig erwachten Universellen Wesens erhebt. Die dreizehnte Ebene steht für den Meister, der als ganz und gar bewusster Funke der Göttlichen Essenz der Schöpfung wieder in das Göttliche Mysterium eintritt.

Ein Sprung in der Evolution der Menschheit
Wie aus den obigen Erläuterungen deutlich wird, stellt das Abenteuer, als Indigo- oder Kristallmensch zu leben, einen großen Sprung in der Evolution der menschlichen Spezies dar. Er besteht anfangs in einem großen Sprung auf der Bewusstseinsebene und drückt sich beim Einzelnen in den Farben seiner Aura aus und in seinem Zugang zu den multidimensionalen Schichten des Bewusstseins.

Doch was sich in den feinstofflichen oder spirituellen Körpern manifestiert, muss sich irgendwann auch im physischen oder irdischen Körper jedes Einzelnen manifestieren. Und letztlich sogar im physischen Körper des Planeten Erde selbst. Indigo- und Kristallmenschen, ob Kinder oder Erwachsene, sind ein unerlässlicher und tatkräftiger Teil des evolutionären Sprungs hinein in eine neue und goldene Zukunft.

Höhere Ebenen der Bewusstheit, das Wissen um die Verbundenheit aller Dinge und die Herzenssehnsucht nach einem kreativen Leben in der eigenen Kraft – das werden bald die Wesenszüge aller Menschen auf dem Planeten Erde sein.

Teil II
Der erwachsene Indigo- und Kristallmensch

Die Umwandlung vom Indigozum Kristallmenschen beim Erwachsenen

Indigokinder hatten wesentlichen Anteil an den Veränderungen und Wandlungen, die seit den frühen Siebzigerjahren auf dem Planeten stattgefunden haben. Ihre bloße Anwesenheit hat den Bewusstseinswandel der Menschen hin zu einer Resonanz mit den höheren Ebenen oder Dimensionen unterstützt.

Als immer mehr von ihnen inkarnierten, beschleunigten sich die Möglichkeiten für Wachstum und Umwandlung in der erwachsenen Bevölkerung auf der Erde um ein Vielfaches.

Einer der wichtigsten Aspekte der Lebensaufgabe von Indigos besteht darin, so vielen Menschen wie möglich ihre wahre Natur als menschlicher Engel bewusst zu machen. Das geschieht oftmals durch ihre Rolle als Durchbrecher alter Systeme und ihre Weigerung, sich mit Gegebenheiten abzufinden. Auf einer sanfteren Ebene tragen Indigomenschen aber auch eine ganz bestimmte Schwingung oder Bewusstheit, die in der vierten und fünften Dimension verankert ist. Als mehr und mehr Indigoseelen in physischen Körpern inkarnierten und es den schon auf dem Planeten befindlichen Menschen ermöglichten, entsprechend zu wachsen und sich in höhere Bewusstseinsebenen hinein zu entwickeln, verankerte sich diese Schwingung auf der Erde in Form eines immer größer werdenden Energiefeldes.

Das Ereignis der Harmonischen Konvergenz im Jahre 1987 wurde weitgehend durch diese erhöhte Energieschwingung ermöglicht, die durch die erste große Welle des Indigobewusstseins auf dem Planeten in den Siebzigerjahren ihren Anfang nahm.

Damit soll nicht gesagt sein, dass die Indigos für die Harmonische Konvergenz verantwortlich waren. Dies war ein multidimensionales Ereignis, von vielen gemeinsam getragen, das den Auftakt des Verantwortungsgefühls der Menschen für ihr Schicksal und die Zukunft des Planeten bildete. Die Indigomenschen waren damals noch zu jung, um dieses Ereignis organisieren zu können, die meisten erst siebzehn oder achtzehn Jahre. Doch ihr angehobenes Bewusstsein hielt ein Energiefeld aufrecht, das es Erwachsenen, die sich bereits auf dem spirituellen Weg befanden, erlaubte, viel schneller als jemals für möglich gehalten zu erwachen und den Zugang zu ihrem eigenen, vollen Potenzial zu finden.

Die Indigoseelen waren also ein Geschenk von den Sternen. Sie kamen von den *Plejaden*, vom *Sirius*, vom *Arkturus* und von vielen anderen Orten und brachten eine sich beschleunigende und hoch schwingende Welle an Seelenenergie mit, um den Evolutionsprozess auf der Erde voranzutreiben, damit die Menschen die Energien der negativen Gedankenformen des Weltuntergangs vermeiden konnten, die geschaffen worden waren, um massive Veränderungen auf der Erde auszulösen. Dieses festgefügte Programm konnte durch einen anderen Komplex von Gedankenformen und Energien ersetzt werden, der dienlich war, den Planeten so umzugestalten, dass er menschliche Engel beheimaten konnte, Geistwesen, deren Wunsch es ist, als Teil ihrer fortdauernden Evolution physische Gestalt anzunehmen und mit dem physischen Leben zu experimentieren.

Außerdem boten die Vorgänge im Sonnensystem für das Eintreffen der Indigoseelen zu dieser Zeit gerade die besten Voraussetzungen, weil sie am Ende eines 26.000 Jahre dauernden Zyklus eintrafen, der auch Präzession der Äquinokte genannt wird und schon im Maya- und im altägyptischen Kalender als Endpunkt angegeben wird. Das bedeutete, dass zu dieser Zeit, wenn auf dem Planeten Erde die richtigen Bedingungen herrschten, ein bedeutender Wendepunkt in der Evolution herbeigeführt werden konnte.

Die Aufgabe der Indigomenschen bestand nun darin, sicherzustellen, *dass* die richtigen Bedingungen herrschten und die Menschen die höherdimensionale Welle auch annahmen, wenn sie eintraf, und nicht zuließen, dass diese Welle einfach wirkungslos über sie hinwegzog. Die Indigos haben somit sehr hart daran gearbeitet, die Lichtflut zu ermöglichen, die seit den Siebziger- und Achtzigerjahren auf den Planeten einbrandet. Ihre bloße Anwesenheit unter uns machte sie erst möglich. Sie haben uns während der Umwandlung energetisch unterstützt und uns durch die Veränderungen hindurch geholfen.

Und dann kamen die Kristallkinder
Um das Jahr 1998 begann die erste Welle einzutreffen. Die Kristallkinder sind interdimensionale Seelen, die vorwiegend in der sechsten Dimension des Bewusstseins beheimatet sind. Sie bringen die Schwingung dieser sechsten Dimension, die ein sehr wirkungsvoller Träger der Frequenz der Liebesschwingung innerhalb der Schöpfung ist, mit auf die Erde.

Die Absicht der Kristallkinder besteht darin, die auf dem Planeten noch vorherrschende Schwingung der Angst zu überbrücken und aufzulösen. Wären die Menschen ohne das Eingreifen der Kristallkinder mit dieser intensiven Angst allein geblieben, hätte die damals auf der Erde vorherrschende Angstschwingung aller Wahrscheinlichkeit nach Weltuntergangsszenarien ausgelöst.

Diese sehr intensive Liebesschwingung der sechsten Dimension wird auf dem goldenen Strahl transportiert, und je mehr Kristallkinder geboren wurden, desto mehr vom goldenen Strahl gelangte auf die Erde. Dies geschah verstärkt zwischen den Jahren 2000 und 2002, setzt sich jedoch mit dem Eintreffen weiterer Kristallkinder bis heute fort.

Diese Liebesschwingung ist stark von Schöpferkraft durchdrungen und bringt einen Menschen, der sich ihr öffnet, innerhalb kürzester Zeit in seinen Herzensraum und anschließend weiter zu den höheren Schwingungen der sechsten Dimension.

Wer bereits dafür bereit war? Offensichtlich eine große Anzahl Menschen. Die Indigos hatten gute Arbeit geleistet und hielten die Schwingungen der vierten und fünften Dimension auf dem Planeten aufrecht, was viele, die ursprünglich mit dem normalen Bewusstsein der dritten Dimension geboren waren, in die Lage versetzte, sich sehr schnell weiterzuentwickeln und bewusstseinsmäßig in die vierte Dimension zu wechseln.

Aus diesem Wandel erwuchsen die Informationen über den Aufstieg und den Lichtkörper. Außerdem wurden die Menschen auf einen sogar noch weitaus schnelleren und bedeutenderen Wandel im Bewusstsein vorbereitet, der dann einsetzen würde, wenn die Kristallkinder in hinreichender Anzahl eingetroffen waren, um damit zu beginnen, die Menschen atemberaubend schnell in das sechsdimensionale Bewusstseinsfeld des goldenen Strahls beziehungsweise die Schwingung bedingungsloser Liebe zu überführen. Und von dort aus in ihr gechristetes Wesen oder das Christusbewusstsein.

Dieser Prozess des Erwachens und einer raschen Bewusstseinsveränderung begann im Jahr 2001, als die ersten Pioniere soweit waren, diesen schnellen Übergang zu vollziehen. Es war ein Experiment in beschleunigter Evolution. Dabei wurden diejenigen, die den Übergang vollzogen und anderen so den Weg bereiteten, in einen stark beschleunigen Prozess der Entgiftung und Heilung hinein katapultiert.

Im Laufe dieses Prozesses wurden viele Tausende Jahre an vergifteten Gedanken und Emotionen verarbeitet, und danach stiegen die betreffenden Personen zu neuen Ebenen der Liebesfähigkeit und Kreativität auf.

Das war gewiss kein leichter Übergang, denn je höher diese Vorreiter bewusstseinsmäßig stiegen, umso stärker wurden sie auch wieder in das kollektive Bewusstsein zurückgezogen, das immer noch weitgehend in der dritten und den niederen Ebenen der vierten Dimension verankert war. Daher kam es den betreffenden Menschen so vor, als würden sie zwischen verschiedenen Bewusstseinsebenen hin und her schwanken, was für sie recht irritierend war und jene mutigen Seelen, die ja Wegbereiter für die nachfolgenden Menschen waren, in einen unausgeglichenen und ängstlichen Zustand versetzte.

Da die Kristallkinder das Energieniveau weiterhin hielten und die sich im Übergangsprozess befindlichen Erwachsenen unterstützten, gab es aber kein dauerhaftes Zurück in alte Muster, und so fanden schließlich alle Wegbereiter ihre neue Verankerung in der höheren Bewusstseinsebene.

Dieser Prozess des Übergangs in eine höhere Dimension des Bewusstseins wird derzeit ständig von Menschen durchlaufen, und selbst jene, die ihn bereits vollzogen haben, müssen weiter daran arbeiten, ihr neues Energieniveau zu halten, weil der magnetische Zug zurück in die alten Schwingungen, an denen die Menschheit zum überwiegenden Teil immer noch festhält, sehr stark ist.

Doch je mehr Menschen sich in diesen Prozess des Übergangs hineinbegeben und je mehr Kristallkinder auf diesem Planeten geboren werden, desto leichter wird es anderen fallen, ihren Übergang mühelos zu vollziehen.

Der Übergang in höhere Dimensionen: Befürchtungen und Symptome

Der Übergang vom Bewusstseinszustand des Indigomenschen in den Bewusstseinszustand des Kristallmenschen beginnt, wenn ein Mensch die Bereitschaft entwickelt hat, die Schwingung der Indigoebene hinter sich zu lassen und zur höher schwingenden Kristallebene zu wechseln. Dieser Prozess unterliegt nicht der Kontrolle des Bewusstseins oder der linken Gehirnhälfte, sondern wird von der Seele eingeleitet. Wenn die Seele beschließt, dass ein Mensch soweit ist, beginnt der Prozess. So kommt es, dass viele Personen, die sich auf einem spirituellen Weg befinden, vielleicht noch gar nicht in diesen Übergangsprozess eingetreten sind, und andererseits manche, die den Prozess durchlaufen, nicht gerade einen besonders spirituellen Eindruck machen.

Der Schlüssel dazu liegt in der Seele und in der Höhe der Schwingungsfrequenz. Wer soweit ist, bei dem beginnt der Prozess eben, und je mehr Menschen ihn durchlaufen, umso schneller und leichter wird sich der Übergang vollziehen.

Es gibt jedoch einige Symptome, die sich bei Personen, die sich im Übergangsprozess befinden, typischerweise einstellen. Diese Symptome werden nachfolgend aufgeführt, um bei jenen, die diesen Prozess möglicherweise gerade durchlaufen, ein Verständnis dafür zu wecken, was eigentlich mit ihnen geschieht.

Wegen der Intensität des Prozesses haben viele Betroffene den Eindruck, als wären sie krank oder hätten einen Nervenzusammenbruch erlitten, und so suchen sie medizinischen Rat für Beschwerden, für die sich gar keine medizinische Erklärung finden lässt. Manche versuchen auch durch die Einnahme von Antidepressiva oder Beruhigungsmitteln, die ihnen nur zu rasch verschrieben werden, Erleichterung zu finden, doch haben sie keine echten Auswirkungen auf das Geschehen.

Da der Übergangsprozess in eine höhere Dimension des Bewusstseins auf der körperlichen, emotionalen und mentalen Ebene eine starke Entgiftung und Reinigung mit sich bringt, oft begleitet von Angstzuständen, Müdigkeit und Depressionen, nehmen viele an, sie seien krank oder depressiv oder litten an einer Frühform der Multiplen Sklerose. Nichts davon ist wahr.

Es handelt sich lediglich um einen sehr intensiven und beschleunigten Übergang auf geistiger Ebene, der für die Betroffenen eine Zeitlang großen Stress bedeutet und ihre Ressourcen stark in Anspruch nimmt.

Die Symptome Ihres Übergangs in den kristallinen Bewusstseinszustand eines menschlichen Engels

Es gibt bereits Menschen, die den Übergang auf eine relativ sanfte Art und Weise vollziehen, doch viele erleben ihn als echte Krise, gewöhnlich gerade jene Personen, die sich entschieden haben, sich den höheren Dimensionen zu öffnen.

Diese Entscheidung wird nicht auf Grund logischer Überlegungen vom Verstand getroffen, sondern vielmehr von der Seele in Abhängigkeit von den Energien, die der Erde für den Übergang zur Verfügung stehen. So kann es vorkommen, dass sich jemand plötzlich mit erheblichen psychischen, emotionalen und körperlichen Veränderungen konfrontiert sieht, für die er keine logische Erklärung findet. Das kann eine Krise auslösen. Meiner Erfahrung nach sind schulmedizinisch orientierte Ärzte und Psychologen in dieser Situation keine große Hilfe, weil sie einfach nicht wissen, was diese Person durchmacht. Wenn die schulmedizinisch orientierten Tests dann kein Ergebnis bringen, wird die betroffene Person oft als hysterisch oder instabil und manchmal sogar als psychotisch eingestuft.

Dieser Übergang vollzieht sich häufig bei Menschen, die bereits auf dem spirituellen Weg sind und deshalb bessere Voraussetzungen mitbringen, um mit starken Veränderungen umzugehen. Meiner Erfahrung nach sind für ein spontanes Einsetzen des Übergangsprozesses oder einen jähen Durchbruch hin zum Gewahrwerden höherer Dimensionen gerade Indigomenschen, unabhängig vom Stand ihres spirituellen Bewusstseins, besonders anfällig. Leider muss ich erwähnen, dass diesem krisenhaften Beginn des Wechsels in eine höhere Bewusstseinsebene oft auch der Gebrauch von Drogen vorangeht, der unter heranwachsenden Indigos recht weit verbreitet ist, bis die betreffende Person wirklich bereit ist, sich mit den Auswirkungen dieses Prozesses zu beschäftigen.

Es folgt nun eine Liste von Symptomen, die im Verlauf des Prozesses auftreten können und die häufig als Krise und schließlich als Durchbruch erlebt werden:

- Eine plötzlich auftretende, extreme Feinfühligkeit gegenüber anderen Menschen und bestimmten Umgebungen. Eine Person, die vorher durchaus gesellig und sozial aktiv war, findet es auf einmal vielleicht unerträglich, sich in Einkaufszentren oder an anderen Orten mit großen Menschenansammlungen aufzuhalten.

- Eine wachsende Medialität und Wahrnehmung. Sie drückt sich am häufigsten in der Fähigkeit aus, die Gedanken und Gefühle anderer Menschen nahezu *hören* zu können. Das kann beunruhigend sein, wenn sich die Person vorstellt, dass jeder andere auch Einblick in *ihre* intimsten Gedanken und Gefühle zu nehmen vermag. Hinzu kommt eine extreme Sensibilität für negative Energien in bestimmten Umgebungen oder bei bestimmten Menschen, was dazu führen kann, dass Menschen, zu denen die

Person früher möglicherweise in einer engen Beziehung stand, ihr auf einmal ganz unerträglich werden.

- Panikattacken und Angstanfälle. Die erhöhte Feinfühligkeit kann auch zu Panikattacken oder Angstanfällen führen. Sie können jederzeit auftreten, sogar wenn die Person mitten in der Nacht aufwacht. Oft gibt es keine nachvollziehbare Ursache für den Anfall, auch wenn die Person häufig versuchen wird, einen Grund dafür zu finden.

- Geistiges Wegtreten. Die betreffende Person stellt möglicherweise fest, dass sie über relativ lange Zeiträume hinweg regelrechte »Aussetzer« hat und nur untätig herumsitzt. Das kann für jemanden, der bisher immer energiegeladen und hochaktiv war, eine sehr irritierende Erfahrung sein. Dabei handelt es sich aber nur um die Anpassung des Bewusstseins, das jetzt mehr Zeit in den höheren Dimensionen verbringt und weniger Zeit in der dritten und vierten Dimension. Damit geht ein verstärktes Bedürfnis einher, sich auszuruhen, wesentlich länger als bisher zu schlafen und ganz allgemein »kürzer treten« zu wollen.

- Zwanghafte Vorstellungen und Ängste, dass die Menschheit vernichtet wird (durch Umweltverschmutzung, Mangel an Ressourcen, Außerirdische, Technologie und anderes mehr). Sie kommen daher, dass ein multidimensionales Bewusstsein Zugang zu allen Ebenen des kollektiven Bewusstseins hat, auch zu jenen Bereichen, in denen die Ängste und Sorgen in Bezug auf das Überleben der Spezies enthalten sind. Da sich die betreffenden Personen oft Gedanken um ihr Überleben machen, neigen viele dazu, mit eben diesem Teil des kollektiven Bewusstseins oder morphogenetischen Feldes in Resonanz zu treten.

- Ein zwanghaftes Bedürfnis, zu verstehen, was eigentlich vor sich geht. Das kann dazu führen, dass der Verstand der oder des Betreffenden überaktiv wird und die Person befürchtet, nicht mehr bei Sinnen zu sein oder ins Burn-out zu geraten. Vielleicht befürchtet sie auch, den Verstand zu verlieren und nicht mehr fähig zu sein, mit dem alltäglichen Leben zurecht zu kommen. Auch hier können schulmedizinisch orientierte Ärzte und Psychologen den Betroffenen in den meisten Fällen nicht helfen.

- Depressionen ohne ersichtlichen Grund oder solche, die mit dem krisenhaften Zustand zusammenhängen. Dabei löst das Bewusstsein oft nur alte energetische Schichten auf, die losgelassen werden dürfen. Es ist nicht mehr erforderlich, diese Erfahrungen erneut zu durchleben oder zu bearbeiten. Erlauben Sie Ihrem Körper einfach, die dazugehörige Energie loszulassen. Haben Sie Geduld, und seien Sie sicher, dass es vorbeigehen wird.

- Durchschlafstörungen und bis zu dreimaliges Aufwachen pro Nacht, häufig um drei Uhr morgens. Auch dies hat einzig und allein den Grund, dass das Bewusstsein sich an neue Zyklen der Aktivität anpasst. Das höhere Bewusstsein ist nachts oft aktiver, weil die niederen Dimensionen zu dieser Zeit einfach ruhiger sind.

- Das merkwürdige Gefühl, dass elektrische Energie den Körper durchströmt. Der Kristallkörper ist unglaublich feinfühlig und nimmt solare und lunare Wellen wahr, wie auch kosmische Wellen und Energien aus dem Zentrum der Galaxie. Oft helfen diese Energien dem physischen Körper bei einer Art »Neuverkabelung« der energetischen Leitungsbahnen, um auch höhere Energien tragen zu können. Aus eigener Erfahrung weiß ich, wie unangenehm sich das anfühlen kann. Doch letztlich gewöhnt sich der Körper daran, mit diesen Energiewellen umzugehen. Sie werden sie bei Vollmond möglicherweise intensiver spüren. Für mich besteht die beste Art und Weise, mit diesem Phänomen umzugehen, darin, nach draußen in die Natur zu gehen, einfach nur barfuss dazustehen und mir vorzustellen, wie die Energiewellen durch meinen Körper hindurch in die Erde abfließen.

- Eine ganze Reihe körperlicher Empfindungen und Erfahrungen kann durchlebt werden, gewöhnlich meist im Zusammenhang mit Phasen der Entgiftung. Der Kristallkörper hält keine Gifte fest, sondern lässt zu, dass alles einfach durch ihn hindurch fließt. Der Trick, als Kristallmensch zu leben, besteht letzten Endes darin, diese Durchlässigkeit zuzulassen und an nichts festzuhalten. Das ist der ultimative Zustand der Losgelöstheit. Während dieser Phase muss sich der Körper des jahrelang angesammelten Giftmülls entledigen, sowohl physisch und emotional als auch mental. Das Loslassen geschieht immer über den physischen Körper, was zu Symptomen führen kann wie starker Müdigkeit, Muskel- und Gelenkschmerzen (besonders in den Hüften und Knien), Kopfschmerzen (besonders im Bereich der Schädelbasis) sowie Nacken- und Schulterverspannungen.

- Schwindel und Gleichgewichtsstörungen. Das kommt daher, dass Sie sich in höheren Bewusstseinszuständen bewegen. Sie müssen sich erst daran gewöhnen, auf diesen Ebenen zu leben und gleichzeitig im physischen Körper verankert zu bleiben. Diese Empfindungen neigen dazu, bei Vollmond und erhöhter Sonnenfleckenaktivität stärker zu werden.

- Erhöhter Appetit und Gewichtszunahme. Das liegt daran, dass der Körper große Mengen an Energie benötigt, um die Kraft für diesen Prozess zur Verfügung zu stellen.

- Die Fähigkeit, hinter den Schleier zu schauen. Das heißt, sich der Engel, Devas, Elementargeister und Außerirdischen bewusst zu werden und mit ihnen in Verbindung zu treten. Das kann sehr beängstigend sein, wenn die betreffende Person an diese Art von Wahrnehmung anderer Dimensionen noch nicht gewöhnt ist.

Wege, um mit dem Übergang klarzukommen
Der beste Rat, den ich Ihnen geben kann, lautet, den Prozess anzunehmen und sich ihm nicht zu widersetzen.

Mein eigener Übergang ist seit etwa drei Jahren im Gange. Ich habe herausgefunden, wie man den Prozess annimmt. Anfangs hoffte ich noch, eines Morgens zu erwachen und mich wieder normal zu fühlen. Erst als ich akzeptierte, dass ich mich niemals wieder in dem Sinne normal fühlen würde, wie ich es früher getan hatte, war ich im Stande, mich in meinem neuen Bewusstseinsraum wohl zu fühlen und mit dem Übergang klarzukommen. Zu diesem Zeitpunkt setzt das Gefühl ein, dass alles ein wundervolles Abenteuer ist, und ich begann, die positiven Seiten des neuen Zustandes zu entdecken.

Es folgen einige Tipps für den Umgang mit der Krise:

- Seien Sie in Frieden mit allem, was Ihnen widerfährt. Sie sind dabei, ein Kristallwesen zu werden. Eine andere Bezeichnung dafür ist Mensch mit voll erwachtem Christusbewusstsein, also ein Mensch mit multidimensionalem Bewusstsein und dem vollen Zugang zu neun, möglicherweise sogar dreizehn Dimensionen. Meiner bisherigen Erfahrung nach öffnen sich manche Personen nur bis zur fünften Dimension und andere bis zur sechsten. Schaffen Sie es bis zur sechsten, erreichen Sie in dieser Lebensspanne wahrscheinlich das volle Bewusstsein der neunten Dimension, möglicherweise sogar schon in sehr naher Zukunft. Was für eine Gnade und welch ein Segen für Sie!

- Seien Sie freundlich zu sich selbst und sorgen Sie gut für sich. Bedenken Sie, dass Sie als Kristallmensch ein ausgewogenes Gleichgewicht mütterlicher und väterlicher Energie in sich tragen. Die Mutter sagt: »Sorge für dich, als wärst du ein Neugeborenes«, denn das sind Sie auf gewisse Weise. Sie werden Zeit brauchen, um an Stärke zu gewinnen und die Fähigkeiten zu erwerben, die Sie für Ihre neue Umgebung benötigen. Vertrauen ist hierfür sehr wichtig. Ich habe den Übergang zu einer Zeit vollzogen, als ich Single war und mich mit geringen finanziellen Mitteln und wenig Ressourcen über Wasser halten musste. Ich war in großer Sorge, dass mein körperlicher Zustand mich davon abhalten könnte, genügend Geld zum Überleben zu verdienen. Doch ich wurde durch den Prozess hindurchgetragen, und ich lebe immer noch in meinem Haus und hatte während der ganzen Zeit immer genug zum Leben, auch wenn es einige recht brenzlige Situationen gab.

- Wenn irgend möglich, nehmen Sie weder Drogen noch drogenähnliche Medikamente zu sich. Natürlich sollten Sie eine Medikation fortsetzen, wenn diese für Ihre Gesundheit wichtig ist. Aber nehmen Sie keine Partydrogen zu sich, gleich welcher Art, denn diese würden den Prozess erschweren, und Sie könnten sich in den höheren Dimensionen da draußen verlieren. Versuchen Sie bitte auch, ohne Antidepressiva oder Beruhigungsmittel auszukommen, obwohl natürlich auch hier wieder gilt: Wenn Sie bereits welche einnehmen, setzen Sie sie nicht einfach ab, sondern holen Sie zuvor ärztlichen Rat ein. Am Günstigsten wirken sich homöopathische Behandlungsmethoden und Naturheilmittel auf den Prozess aus, und wie ich herausgefunden habe, können auch Blütenessenzen sehr hilfreich sein.

- Vermeiden Sie Menschenansammlungen und überfüllte Plätze. Ich hatte während meines Überganges die Kunst perfektioniert, einmal pro Woche für eine Stunde blitzschnell einkaufen zu gehen, um so für meine Grundbedürfnisse zu sorgen, ohne mich lange ermüdenden und vergifteten Umgebungen aussetzen zu müssen. Nach und nach wird es Ihnen wieder besser gelingen, solche Umgebungen zu ertragen. Der Schlüssel hierzu liegt darin, so sehr an Ihrem inneren Frieden und Ihrer inneren Harmonie festzuhalten, dass die Umgebung Sie nicht mehr negativ beeinflusst, sondern Sie stattdessen einen positiven Einfluss auf Ihre Umgebung haben. Ein Kristallmensch trägt und vermittelt jederzeit positive Energie, und sobald Sie Ihr Gleichgewicht gefunden haben, werden Sie diese positive Energie auf unglaublich kraftvolle Weise einsetzen können und wieder fähig sein, sich mühelos unter Menschen zu bewegen.

- Bleiben Sie gut geerdet und in Ihrer Mitte. Das kann für diejenigen, die gerade dabei sind, sich an höherdimensionale Bewusstseinszustände zu gewöhnen, eine Herausforderung sein. Sie werden sich oft schwindelig und geistig wie weggetreten fühlen. Bemühen Sie sich darum, Ihre gesamte Aufmerksamkeit auf die angenehmen physischen und erdenden Aspekte des Lebens zu richten. Der Schlüssel hierzu liegt in regelmäßiger körperlicher Bewegung, Spaziergängen, gesunder Ernährung und künstlerischer Betätigung. Verbringen Sie nicht Stunden vor dem Fernseher, und verlieren Sie sich nicht in Computerspielen. Das führt nur dazu, dass sie hinterher noch weniger gut geerdet sind.

- Verbringen Sie so viel Zeit wie möglich draußen in der Natur. Sie werden feststellen, dass die frische Luft und der Sonnenschein Ihre neuen Körper zusätzlich stärken. Außerdem werden die Devas in der Natur Sie in Ihren Prozessen unterstützen.

- Essen Sie unverarbeitete Nahrungsmittel! Mir wurde durch meine geistige Führung gesagt, dass brauner Reis und Gemüse die beste Ernährung für diesen neuen Körper sind. In letzter Zeit esse ich allerdings auch viel frischen Fisch und Biogemüse. Ich empfinde diese Ernährungsweise für mich selbst als kräftigend und harmonisierend, doch sollte jede Person, die diesen Übergangsprozess durchläuft, letzten Endes für sich selbst entscheiden, welche Nahrungsmittel für ihren Körper am bekömmlichsten sind. Meine Intuition sagt mir, dass frisches Biogemüse und Bioobst sich am günstigsten auf den Prozess auswirken. So wird Ihr Körper weniger Gifte zu verarbeiten haben. Aber gehen Sie auch Ihren Gelüsten nach, meine reichten von Calamari bis Schokoladenkuchen. Dies ist nicht der richtige Zeitpunkt für eine Diät. Ihr Körper benötigt große Mengen an Nahrung, um die Prozesse in Gang zu halten, die Sie gerade durchlaufen. Sie nehmen dabei vielleicht zu, doch werden Sie das als einen notwendigen Teil Ihres Überganges in höhere Bewusstseinszustände wohl akzeptieren müssen.

- Und zu guter Letzt – feiern Sie Ihren Übergang. Sie sind gerade dabei, sich zu einem galaktischen Menschen weiterzuentwickeln, dem nächsten Schritt in der menschlichen Evolution! Sie erheben Anspruch auf Ihr Geburtsrecht.

Willkommen daheim, menschlicher Engel!

Lichter werden:
Der erwachsene Kristallkörper und die neuen Energien

Wenn ein Mensch erst einmal den Übergang von der dreidimensionalen Wirklichkeit zum Bewusstseinszustand des Indigomenschen und dann weiter in das Kristallbewusstsein vollzogen hat, wird er das Leben ganz anders empfinden als vorher.

Dieses Kapitel richtet sich an diejenigen unter Ihnen, die sich gerade mitten im Prozess des Überganges vom Indigomenschen zum Kristallmenschen befinden, und auch an diejenigen, die diesen Übergang bereits vollzogen haben.

Viele bemühen sich darum, Wege zu finden, mit der neuen Lebensweise zurechtzukommen. Der erste Schlüssel hierzu liegt im Verständnis dessen, dass ein Leben im Kristallzustand sich sehr von der alten Lebensweise im dreidimensionalen Bewusstseinszustand unterscheidet und dass Sie nicht einfach so weitermachen können wie bisher. Während Ihr Körper, Ihr Verstand und Ihr Geist lichter werden, finden bestimmte Veränderungen statt. Sie werden immer mehr zu Licht, wenn Sie Ihre Bestimmung als voll bewusster menschlicher Engel annehmen.

Der menschliche Engel oder Kristallkörper ist lichter als der alte menschliche Körper. Er trägt und leitet mehr hochfrequent schwingendes Licht weiter. Er leitet auch die neuen, multidimensionalen Schwingungen weiter, um andere Menschen dabei zu unterstützen, ebenfalls mit ihrem Prozess des Übergangs zu beginnen. Doch »lichter« bedeutet nicht zwangsläufig »leichter«. Viele Kristallkinder und Kristallerwachsene haben einen recht kräftigen und stämmigen Körperbau. Das hilft ihnen dabei, geerdet und in ihrem Körper zu bleiben.

Mit einem lichteren Körper ist gemeint, dass der physische Körper die Fähigkeit erhält, hochfrequent schwingendes Licht zu halten und weiterzuleiten.

In diesem Kapitel werde ich darlegen, wie diese »Lichtheit« sich auf der physischen, emotionalen, mentalen und spirituellen Ebene Ausdruck verschafft.

Die physische Ebene

Auf dieser Ebene gibt es zwei Bereiche, die für die Gesunderhaltung des physischen Körpers lebenswichtig sind: Ernährung und Bewegung. Viele von Ihnen werden jetzt denken, dass Sie keine Lust auf Bewegung haben, dass sie eigentlich nur noch schlafen und sich ausruhen möchten.

Doch maßvolle körperliche Bewegung kann Ihnen zum Durchbruch zu einem ausgeglicheneren Leben verhelfen.

ERNÄHRUNG: Das Grundprinzip gesunder Ernährung im neuen Energiezustand besteht darin, Nahrungsmittel zu sich zu nehmen, die der Lichtquelle so nahe wie möglich sind. Das bedeutet, Nahrungsmittel zu essen, die sich ganz am Anfang der Nahrungskette befinden.

Besonders pflanzliche Nahrungsmittel eignen sich ausgezeichnet, da Pflanzen über den Vorgang der Photosynthese das Sonnenlicht in Traubenzucker umwandeln, den Menschen für ihren Körper verwerten können. Wenn Sie also möglichst viel frisches Bioobst und Biogemüse essen, sorgen Sie mit hoher Wahrscheinlichkeit dafür, dass Ihre Ernährung auch eine gute Lichtquelle für Ihren Körper darstellt.

Wir haben außerdem herausgefunden, dass der Kristallkörper anscheinend eine große Menge Eiweiß benötigt. Es sollte allerdings möglichst Eiweiß auf pflanzlicher Basis sein – Hülsenfrüchte wie Bohnen, Linsen und Kichererbsen. Wenn Sie sich dabei der Trennkost bedienen, also Eiweiß und Kohlenhydrate nicht miteinander vermischen, werden Sie feststellen, dass Hülsenfrüchte ziemlich gut verdaulich sind.

Versuchen Sie, bei Ihrer Kost auf Nahrungsmittel zu verzichten, die hinsichtlich ihres Lichtwertes schwach und unbelebt sind, wie verarbeitete Nahrungsmittel oder Fertignahrung. Meiden Sie auch Alkohol, süße oder koffeinhaltige Limonaden sowie schwarzen Tee und Kaffee. Trinken Sie viel frisches Quellwasser und Kräutertees.

Sobald Sie sich besser an Ihren Kristallzustand gewöhnt haben, werden Sie feststellen, dass Ihr Bedürfnis nach einer einfachen Lebensweise und natürlicher Nahrung wächst. Sie werden beginnen, Nahrungsmittel im natürlichen Zustand und mit hohem Lichtwert richtig lecker zu finden.

Ihr Körper wird es Ihnen dadurch danken, dass er mehr Energie halten kann und stabiler und geerdeter bleibt, wenn wieder intensive Energiewellen durch ihn hindurch fließen. Das wird möglich, weil Sie genügend körperliche Kraft und auch Widerstandskraft haben werden, um sogar mit hochfrequenter Energie umgehen zu können.

Die Bedeutung einer einfachen Ernährungsweise wurde auch in gechannelten Botschaften von den Kristallkindern selbst betont. Außerdem ist es sinnvoll, Ihre Ernährung nach ethisch-moralischen Gesichtspunkten zu gestalten, indem Sie beispielsweise nur soviel essen, wie Sie brauchen, und nicht mehr. Wählen Sie überdies Nahrungsmittel aus, die aus einer Landwirtschaft kommen, die Ihrem neuen Verständnis des miteinander Verbundenseins aller Dinge entspricht. Versuchen Sie, das Leid und die Ausbeutung innerhalb der Nahrungskette möglichst gering zu halten. Es mag von Ihrer Seite aus nur eine kleine Geste sein, doch erzeugt das ein Energiemuster, dem andere Menschen folgen können.

Bewusst zu leben bedeutet, sich all dessen bewusst zu sein, was Sie essen. Sich dessen bewusst zu sein, wie es hergestellt wurde und auf welche Art und Weise es auf Ihren Teller gekommen ist. Wenn wir diese Art von Entscheidungen über unsere Ernährung treffen, bedeutet es, dass wir am Zustand des Planeten und aller fühlenden Lebewesen, die auf ihm leben, Interesse zeigen und erkannt haben, dass unsere persönlichen Entscheidungen für das Ganze durchaus einen Unterschied machen können.

KÖRPERLICHE BEWEGUNG: Ihren Körper regelmäßig zu bewegen, ist im Kristallzustand ebenfalls sehr wichtig. Da die Kristallenergie auf der geistigen wie auf der mentalen und emotionalen Ebene derart intensiv wirkt, muss der Körper gesund und in einem guten Spannungszustand gehalten werden.

Sie können nicht nur in Ihren Gedanken schwelgen und Ihr Leben vor dem Fernseher oder Computer verbringen. Wenn Sie so etwas überhaupt tun, müssen Sie dies durch körperliche Bewegung ausgleichen.

Bewegen Sie Ihren Körper nämlich nicht, wird sich die Kristallenergie, die durch Sie hindurch fließt, mit Sicherheit so auswirken, dass Sie geistig wegtreten und den Kontakt zur Realität mehr und mehr verlieren.

Ich muss bei meinen Sitzungen den Menschen oft den Rat geben, sich bewusst zu bemühen, in ihren Körper zurückzukehren und an ihrem Leben wieder teilzunehmen. Einige verbringen Jahre in einer Art geistigem Dämmerzustand, weil ihnen nicht klar ist, dass sie nur den physischen Körper zu stärken brauchen, damit er die Fähigkeit erlangt, mit der Kristallenergie umzugehen, und sie nicht länger den Boden unter den Füßen verlieren.

Körperliche Bewegung muss nicht schnell stattfinden oder einem festgelegten Schema folgen. Es kann auch etwas so Einfaches wie ein Spaziergang sein oder eine halbe Stunde Schwimmen. Es muss nur regelmäßig und anhaltend geschehen.

Denjenigen unter Ihnen, die sich für verschiedene Möglichkeiten körperlicher Bewegung interessieren, möchte ich die folgenden empfehlen:

- Yoga: Mein persönlicher Favorit. Yoga ist eine ausgezeichnete Möglichkeit, den Körper in einen angenehmen Spannungszustand zu bringen und durch bewusstes Atmen sicherzustellen, dass die Energien gut durch den Körper fließen. Wenn Sie täglich nach dem Aufwachen zwanzig Minuten Yoga praktizieren, werden Sie bald einen großen Unterschied darin feststellen, wie Sie mit den energetischen Anforderungen des Tages umgehen.

- Pilates: Eine sanftere Form der Bewegung, die ebenfalls gut geeignet ist, die Energie im Körper zu halten und geistig wieder präsenter zu werden.

- Tai Chi: Auch sehr gut für den Spannungszustand und die Geschmeidigkeit des Körpers sowie um die Energie zu halten und zur Harmonisierung des Energieflusses im Körper.

- Meditatives Gehen in der Natur: Das ist eine Form der körperlichen Bewegung, die ein Freund von mir entwickelte, der ein Indigoerwachsener mit einer Aufmerksamkeitsstörung und Hyperaktivität ist. Es geht darum, sich in der Natur aufzuhalten und die gesamte Aufmerksamkeit darauf zu richten, wo man sich befindet und was man sieht. Das Prinzip besteht darin, mit seiner Seele spazieren zu gehen und den Körper mitzunehmen. Dabei steht nicht das Bewältigen großer Entfernungen im Vordergrund oder dass Sie ins Schwitzen geraten, man soll nur ganz im Hier und Jetzt sein und beobachten, was um einen herum geschieht. Im Fluss des Augenblicks sein. Das ist eine gute Möglichkeit, um sicherzustellen, dass Sie in Ihrem Körper zentriert bleiben und geerdet und ruhig sind.

Die emotionale und mentale Ebene
Während wir uns tiefer in die neuen Energien hineinbewegen, fällt unsere bisherige Lebensweise auseinander. Uns wird bewusst, dass so vieles von dem, wovon wir früher angenommen hatten, dass es immer so bleiben würde, nicht mehr da ist. Uns wird klar, auf welchen Illusionen unser vormaliges Leben aufgebaut war, und wir entfernen uns von ihnen, hinein in eine geistige Freiheit.

Während wir uns in diesem Prozess befinden, haben wir oft Gefühle von Traurigkeit und Verlust, denn wir lösen uns dabei von Dingen, die einst unser Leben ausmachten. Und wir erleben Symptome von Depression und Angst.

Zur gleichen Zeit nimmt das Chaos um uns herum zu, weil die Menschen, die bislang noch nicht erwacht sind, immer verwirrter und ängstlicher werden. Einige Kristallmenschen reagieren sehr empfindlich auf diese unerlösten Ängste, nehmen sie möglicherweise auf und werden von ihrer Intensität beeinflusst.

Der Heilige Geist bildet uns darin aus, auf eine ganz neue Art und Weise zu existieren und zu sein.

Es geht darum, der Führung durch den Heiligen Geist und das Engelreich vollkommen zu vertrauen. Und es geht darum, das Bedürfnis des eigenen Egos nach Kontrolle loszulassen. Wir müssen loslassen und es gut sein lassen, wie man so schön sagt.

Das ist für viele Menschen schwierig, doch je mehr Sie sich den Veränderungen widersetzen, desto problematischer werden diese für sie. Je besser Sie zulassen können, dass die Veränderungen stattfinden, desto reibungsloser laufen sie ab.

Als Kristallmenschen sollten wir uns angewöhnen, bewusst und affirmativ zu denken. Das bedeutet, ein erwachtes Leben zu führen, das wir voll und ganz bejahen. Wir müssen uns jederzeit dessen bewusst sein, was wir denken, tun und sagen und welche Auswirkungen das sowohl auf uns als auch auf die Menschen hat, mit denen wir in Kontakt kommen.

So viele Menschen leben in einem missmutigen, depressiven oder nervösen Zustand. Der Kristallmensch weiß, dass dies alles Illusionen sind, die auf Angst beruhen. Wenn Sie sich in Ihrem höheren Bewusstseinszustand befinden, versuchen Sie, das zum Ausdruck zu bringen, was Sie wirklich sind – Liebe, Freude, Harmonie und Frieden. Erlauben Sie, dass Ihre Gegenwart für jede Person, der Sie begegnen, ein Segen ist. Erlauben Sie dem Licht in Ihnen, die Ängste Ihres Gegenübers aufzulösen.

Um auf diese Weise wirken zu können, müssen wir bestimmte mentale und emotionale Gewohnheiten entwickeln, nämlich affirmatives und vertrauensvolles Denken und Fühlen. Mein persönliches Mantra stammt von einer englischen Mystikerin aus dem Mittelalter namens Juliana von Norwich, die immer die Affirmation dachte und sprach: »Alles ist gut – alles wird gut.« Das ist eine Aussage voller Vertrauen darauf, dass ein Göttlicher Plan existiert, der dafür sorgen wird, dass schließlich alles dem höchsten Wohl aller dient, egal was geschieht. Unsere Aufgabe besteht darin, zu erlauben, dass dieser Plan sich entfalten kann, welche Wege er dafür auch immer einschlägt.

Denken Sie an die Zeilen aus dem Gedicht *Desiderata* von Max Ehrmann: »Genau wie die Bäume und Sterne, so bist auch du ein Kind des Universums. Du hast ein Recht auf deine Existenz. Und ob du es verstehst oder nicht, entfaltet sich die Welt so wie sie soll.«

Die geistige Ebene
Die Herausforderung für Kristallmenschen besteht also gegenwärtig darin, nach ihrer Wahrheit zu leben, die auf einer multidimensionalen Spiritualität beruht. Das heißt, Licht zu sein, im Herzen, im Gemüt und im Geist.

Um in der neuen Energie »licht« sein zu können, müssen Sie Ihre eigenen Schattenbereiche innerhalb Ihres Bewusstseins wie auch die Schattenbereiche im kollektiven Bewusstsein der Menschen erkannt und mit ihnen umzugehen gelernt haben. Ihre Erkenntnis der Schattenbereiche sollte außerdem von tiefem Mitgefühl und bedingungsloser Liebe für sich selbst und für andere begleitet sein.

Ihren eigenen Schattenbereich zu beherrschen, wird es Ihnen ermöglichen, mitfühlend zu begreifen, warum es soviel Angst auf der Welt gibt, und auch zu begreifen, wie der harmonische Umgang mit dem eigenen Schatten dazu beitragen kann, diese Angst zu heilen und aufzulösen. Jeder Einzelne, der sein Herz voller Mitgefühl öffnet und sich in einen Gemützustand jenseits der Angst begibt, trägt immer auch etwas zur Heilung des kollektiven Bewusstseins der Menschheit bei.

Sobald Sie frei von Angst leben, bewegen Sie sich in der ewigen Gegenwart und sind wahrhaft fähig, die Kraft des *Augenblicks* zu nutzen. Sie werden sich mitten im Fluss des Lebens befinden und sich im Einklang mit den größeren Strömungen verändern. Und ein Kristallmensch nimmt einfühlsam die Veränderungen der großen Energieströme wahr und vertraut diesen Veränderungen, lässt sie zu und ebnet ihnen sogar den Weg. Schließlich ist dem Kristallmenschen bewusst, dass der ganze Sinn unserer Evolution darin besteht zu entdecken, wer und was wir sind und wohin wir uns entwickeln können.

Wir sind Licht! Im Werden begriffen, erstarkend und sich ausbreitend!

Um diese Wirklichkeit vollkommen erfahren zu können, müssen wir hinsichtlich der Art und Weise, wie wir sind, wie wir leben und denken, eine sehr viel spielerische und schöpferische Haltung an den Tag legen.

Die Entdeckung unseres schöpferischen Potenzials wird das nächste große Abenteuer auf unserem Weg zur Entwicklung des Kristallbewusstseins sein.

Ihr neugeborenen menschlichen Engel,
breitet Eure Flügel aus
und erlaubt es Euch zu fliegen!

Die Navigation durch die multidimensionale Realität: Nützliche Werkzeuge für eine neue Art zu leben

Wenn Kristallmenschen den Prozess des Übergangs und Aufstiegs in die multidimensionale Realität durchlaufen, aktivieren sie ihren Lichtkörper und steigen dadurch zu neuen Arten des Lebens und Seins auf. Ihr Bewusstsein wird multidimensional und fähig, innerhalb der höheren Frequenzen des Bewusstseinsspektrums zu funktionieren.

Befinden sie sich mitten in ihrem Durchbruch zu diesen neuen Ebenen des Bewusstseins, stellen viele von ihnen jedoch fest, dass es ihnen am nötigen Handwerkszeug fehlt, um mit den sehr realen körperlichen und emotionalen Dilemmata fertig zu werden, die beim Durchbruch in das multidimensionale Bewusstsein ein Teil des alltäglichen Lebens sind.

Es ist eben nicht leicht. Die Erwachsenen, die diesen Wandel vollziehen, schreiben dabei gleichzeitig eine Art Drehbuch – eine Handlungsanweisung, mit deren Hilfe andere ihnen folgen können. Das ist eine neue Stufe in der menschlichen Evolution, und jeder einzelne Schritt vorwärts bedeutet, buchstäblich neuen Boden zu betreten und unbekanntes Terrain.

In diesem Kapitel möchte ich Ihnen einige Werkzeuge für die Bewältigung des Alltags als Kristallmensch an die Hand geben.

Das Herz ist der Schlüssel

Im wahrsten Sinne des Wortes ist das Herzchakra der Schlüssel und das Tor zur Multidimensionalität. Ohne ein offenes Herz werden

Sie die höheren Ebenen des Bewusstseins nicht erreichen können. Die drei Schlüssel zur Öffnung des Herzchakras können wie folgt beschrieben werden:

- Folgen Sie Ihrem Herzenswunsch! Nichts ist wirksamer darin, uns von dem leuchtenden Tanz des Lichtes in den höheren Dimensionen des Bewusstseins fernzuhalten als eine gewohnheitsmäßige Lebensweise, von der wir nur deshalb nicht abweichen, weil man eben schon immer so lebte oder weil es so von einem erwartet wird.

Wenn wir wahrhaft frei sind, können wir unsere Freiheit als das verstehen, was sie ist, und für uns Ausdrucksmöglichkeiten wählen, die in Einklang mit dem stehen, wer wir wirklich sind.
So viele von uns führen ihr Leben auf der Grundlage von Gewohnheiten, und deshalb ist es wichtig, dass wir uns öfter einmal die Zeit nehmen, herauszufinden, was denn eigentlich unsere wahren Herzenswünsche sind. Wie sollen wir sie sonst in unserem Leben verwirklichen können? Sehr viele Menschen brechen gegenwärtig ihre berufliche Laufbahn ab oder nehmen sich eine Auszeit, um für sich neu zu definieren, wer sie sind und wie sie leben möchten. Die neue Erde wird voll von glücklichen Menschen sein, die ihrem Herzenswunsch folgen und Freude in die Welt bringen!
Doch das braucht Zeit, und wir müssen uns all die Zeit geben, die wir brauchen, um die Wünsche und Sehnsüchte unseres Herzens zu entdecken und das, was uns Freude bereitet – und um die Wunden zu heilen, die uns noch davon abhalten, das sonnige Wesen zu sein, das wir im Grunde unseres Herzens sind.

- Hören Sie auf Ihre innere Stimme, auf Ihre Intuition! Ich denke oft, dass dies die wahre Bedeutung hinter der Vorstellung ist, dass derzeit die Göttin zurückkehrt, die weibliche Energie. In unserem Leben in der alten Energie lehrte man uns, auf unser Ego zu hören, auf die vernunftgeprägte Stimme der Eltern. Diese Stimme ermahnte uns, unseren Herzenswunsch lieber hinten anzustellen und dem zu entsprechen, was von uns erwartet wurde, um nicht aus der Reihe zu tanzen und in Sicherheit zu sein.

Ironischerweise sind wir immer dann in Sicherheit, wenn wir auf die innere Stimme des Höheren Selbst hören. Aber diese Fähigkeit müssen wir erst wieder erlernen, genau wie das Vertrauen in diese Fähigkeit. Wenn wir es unserer inneren Stimme erlauben, uns zu führen, geschehen Wunder.

Die innere Stimme ist die Göttin in uns. Erlauben Sie es ihr, Sie durch das Leben zu führen, und Sie wird Ihnen zeigen, wie Sie im Licht tanzen können. Und dann kann Ihr Verstand oder Ihr vernunftbetontes Selbst gern für Sie die Strukturen aufbauen, die Sie in Ihrer neuen Lebenswirklichkeit unterstützen.

Um der inneren Stimme folgen zu können, müssen wir gut auf die Hinweise aus der höheren Wirklichkeit achten, denn unsere höheren Aspekte werden zu uns in unseren Träumen sprechen oder durch andere Menschen, durch Bücher, Tiere oder Ereignisse in unserem Leben. Wir müssen wieder damit beginnen, *die Botschaften wahrzunehmen.* Bewusst darauf zu achten, ob in unserem Leben etwas geschieht, das eine Botschaft oder wichtige Information für uns darstellt.

- Üben Sie sich in Mitgefühl, Toleranz und Verständnis! Menschen mit einem offenen Herzen sind immer bereit, anderen zuzuhören, weil sie verstehen, dass andere ein Spiegelbild unserer derzeitigen Wirklichkeit sind. Wenn wir uns in einen Gemütszustand jenseits von Ärger, Misstrauen und Aggression hineinbegeben können, in einen Zustand voller Empathie und mitfühlendem Verständnis, öffnen wir wirklich unser Herzchakra.

Der Schlüssel hierzu liegt im Verständnis dessen, dass die andere Person ein Teil von Ihnen und Ihrer Wahrnehmung der Wirklichkeit ist. Wie Sie mit anderen umgehen und auf sie reagieren, spiegelt wider, wie Sie mit sich selbst und der Wahrnehmung *Ihrer* Wirklichkeit umgehen. Erst wenn Sie im Stande sind, sich selbst

Liebe, Zuwendung und Mitgefühl entgegenzubringen, werden Sie das Gleiche auch anderen entgegenbringen können.
Seien Sie also nett zu sich, der Rest kommt dann von selbst.

Ihre Wahrheit auszusprechen, das ist die Himmelsleiter
Die Aufgabe eines gesunden Kehlkopfchakras besteht darin, die Wahrheit auszusprechen. Dieser Vorgang ist unsere Leiter zu höheren Dimensionen. Wenn wir das tun, sind wir fähig, zu höheren Bewusstseinsebenen aufzusteigen und eine lebendige Verbindung zwischen den höheren Schwingungen und unserer materiellen Realität herzustellen.

Oft rühren Stimmungsschwankungen und geistiges Wegtreten, das die Menschen erleben, die sich im Prozess des Überganges befinden, von den raschen Wechseln zwischen den Dimensionen her, die nicht durch solche Leitern miteinander verbunden sind. Wir fallen dann buchstäblich zwischen die Dimensionen und fühlen uns erschöpft und verwirrt. Es ist wichtig, eine Leiter im Sinne einer lebendigen Verbindung zu errichten, die uns auf sichere Weise nach oben *und* nach unten bringt.

Das gilt genauso für das Konzept des Erdens der multidimensionalen Wirklichkeit. Bleiben wir nicht mit unserem Leben auf der Erde in Verbindung, können wir uns in Traumwelten verlieren, die keinerlei Verbindung zur materiellen Welt mehr aufweisen.

Das Kehlkopfchakra erschafft die fünfdimensionale Brücke, die wir dazu brauchen. Die zwei Schlüssel hierzu sind:

- Aufrichtigkeit und Offenheit in emotionaler Hinsicht! Seien Sie bereit, Ihren Gefühlen Ausdruck zu verleihen, Ihren sämtlichen Gefühlen – ganz ohne manipulative Spiele oder versteckte Pläne. Wenn wir besser mit unseren Gefühlen in Berührung kommen und unser Herzchakra sich vollständig öffnet, wird es ohnehin nicht mehr möglich sein, weiterhin manipulative Spiele zu treiben. Dann wissen die Menschen intuitiv um die Beweggründe der anderen, ohne dass sie noch eigens ausgesprochen werden müssten.

Hier kommt das Selbstbewusstsein zum Tragen. Wir müssen uns unserer unbewussten Muster der Manipulation und Kontrolle bewusst werden und bereit sein, sie loszulassen und durch gesündere Muster der Annahme und des Fließens zu ersetzen. Wir müssen bereit sein, es dem Wunder des Lebens zu erlauben, sich zu entfalten, ohne die Kontrolle behalten zu wollen und unsere Erwartungen an andere Menschen und Ereignisse unbedingt durchsetzen zu müssen.

- Empfänglichkeit für die Wahrheit anderer! Wenn Sie dabei sind, diese Leiter zu errichten, ist es genauso wichtig, für die Wahrheit von anderen Menschen empfänglich zu sein, ohne über ihre Worte oder sie selbst zu urteilen. Wir müssen jederzeit aufrichtig zuhören. Das ist die empfängliche oder weibliche Seite der Kommunikation.

Wir können die Himmelsleiter nicht allein errichten. Sie ist ein schöpferisches Projekt, bei dem unsere gemeinsame Arbeit gefragt ist. Wir errichten sie zwar für uns, doch laden wir andere dazu ein, sie mitzubenutzen, und wir errichten als wechselseitiges Geschenk immer auch einen Teil der Leitern anderer Menschen.

So versetzen wir uns in die Lage, als Gruppe zu immer höheren Ebenen des Bewusstseins aufzusteigen, und genau das ist *der Weg der bewussten Evolution*.

Teil III
Das Geschenk, als Indigo- oder Kristallmensch zu leben

Leben jenseits der Illusionen:
Die bewusste Erschaffung von Realität

Eines der wichtigsten Ergebnisse des Übergangs vom Indigo- zum Kristallmenschen, oder des Aufstiegsprozesses, war von Anfang an, dass die Menschen begannen, in immer größerer Zahl zu erwachen. Sie begannen zu begreifen, dass sie durch ihre Gedanken und Sehnsüchte ihre eigene Realität erschaffen.

Bewusst und erwacht zu sein bedeutet, sich jederzeit vollkommen über die eigenen Gedanken und Handlungen im Klaren zu sein, denn die Qualität der Gedanken bestimmt die Qualität der Realität. Die Menschen waren schon immer Schöpfer ihrer Wahrheit oder Realität. Doch im unbewussten oder schlafenden Zustand waren sie sich dieser Tatsache nicht bewusst. Sie haben vergessen, wer und was sie sind. Besonders, dass sie kraftvolle Schöpfer von Gedankenformen sind, die Realität werden können.

Wenn Menschen erwachen und Bewusstheit erlangen, wird ihnen auch klar, dass sie nicht nur für ihre eigene Realität verantwortlich sind, sondern desgleichen für die kollektive Realität, die wir Tag für Tag auf unserem Planeten erschaffen.

Ein bewusster Mensch lebt so, dass er nicht nur sein eigenes Wohlergehen, sondern auch das Wohlergehen anderer und des Planeten als Ganzes im Blick hat.

Das kollektive Bewusstsein und die Erschaffung der Realität: Von der Illusion des alten Paradigmas

Menschen, die sich ganz und gar in der Wirklichkeit der dritten Dimension bewegen, leben mit dem Bewusstsein einer Realität, die starken Einschränkungen unterworfen ist, so dass man sagen könnte, sie schlafen oder sind überhaupt nicht bei Bewusstsein. In diesem Zustand halten sie sich für voneinander getrennte, einander fremde Individuen und können nicht erkennen, dass die Menschen alle nicht nur untereinander und miteinander verbunden sind, sondern auch mit dem Planeten, auf dem sie leben.

Jeder lebende Mensch ist mit jedem anderen Menschen durch das *kollektive Bewusstsein* verbunden. Dabei handelt es sich um ein gemeinsames Energiefeld, das sämtliche Vorstellungen und Glaubenssätze umfasst, aus Vergangenheit, Gegenwart und Zukunft. Alle Menschen haben Zugang dazu, auch wenn sie sich oft nicht darüber im Klaren sind, dass es existiert. Nur bewusste, klare und erwachte Menschen verstehen, wie machtvoll die Realität ist, die vom kollektiven Bewusstsein erschaffen wird, und wie sehr sie auf uns alle Einfluss nimmt.

Unsere gemeinsame Wirklichkeit wird durch das kollektive Bewusstsein erst erschaffen. Diejenigen, die bewusst und erwacht sind, können bewusst Energie und Vorstellungen in das kollektive Bewusstsein einspeisen und hindurchleiten, um auf diese Weise den Prozess der *Bewusstseinsentwicklung* oder des *Aufstiegs* zu erleichtern, die dem Planeten gerade so viele Veränderungen beschert. Um zur jetzigen Zeit als bewusster Schöpfer der Realität zu wirken, muss man sich des eigenen Beitrags zu diesem Prozess der Bewusstseinsentwicklung vollkommen bewusst sein.

Innerhalb des alten Paradigmas der Realität, das auf dem dreidimensionalen Bewusstsein des Menschen gründet, lebten wir ohne jedes Wissen vom kollektiven Bewusstsein und darum, wie wir in unseren verschiedenen Leben dazu beitrugen. Dreidimensional bewusste Menschen haben ein sehr lineares Bewusstsein. In Folge dessen vergisst ein Mensch nach mehreren Leben, was er früher einmal geschaffen hat. Wenn er reinkarniert, hält er alles, was andere ihm über die Wirklichkeit erzählen, für wahr und vollkommen richtig und akzeptiert, dass die Historie den Menschen von höheren Mächten so übermittelt wurde.

Dabei haben die Menschen die Götter, Engel, Schöpferwesen und aufgestiegenen Meister im Grunde selbst erschaffen. Es sind lediglich Aspekte unseres höheren Bewusstseins, denen wir in der

Traumzeit höherer Dimensionen der Wirklichkeit, jenseits der dritten Dimension, begegnen. Diejenigen, die in der Traumzeit reisten, nannte man Propheten, Meister und Lehrer, und ihre Lehren wurden zu heiligen Schriften und ihre Prophezeiungen und Worte zur heiligen Wahrheit. Nach einer Weile begannen die Menschen, diese Lehren zu verehren, und sie vergaßen, dass sie selbst in die Traumzeit gehen und Wahrheiten mit zurückbringen konnten, wenn sie das wünschten. Sie vergaßen mehr und mehr, dass Wahrheit und Lehre fortdauernde Offenbarungen sind, und sie behielten die alten Lehren und alten Versionen der menschlichen Wirklichkeit bei, die sie dann Religion nannten.

Bedauerlicherweise begannen viele Menschen, ihre Kraft an solche Lehren abzugeben. Sie vergaßen, wer sie waren und dass es ihnen möglich war, durch eigene Weiterentwicklung selbst neue Lehren und neue Vorstellungen hervorzubringen.

So wurden die Menschen mit dreidimensionalem Bewusstsein Gefangene von Gedankenformen, Vorstellungen und Systemen, die sie in früheren Leben erschaffen hatten. Sie nannten diese Systeme Religion, Wirtschaft, Politik, Geschichte, Philosophie und so weiter, und sie ließen zu, dass sie ihnen vorschrieben, wie ihr Leben auszusehen hat. Sie vergaßen, dass sie diese Formen selbst erschaffen hatten und dass sie sie auch wieder verändern konnten. Stattdessen ließen sie sich durch sie versklaven, und so wurden sie unglücklich und verloren ihre Kraft. Darum wurden die Sternenkinder zur Erde berufen, um den Menschen zu helfen, sich von diesen starren Vorstellungen und Gedankenformen zu befreien und neue Energien und Vorstellungen zu ermöglichen.

Einer der Aspekte jener Gedankenform, die wir Religion nennen, besteht darin, dass sie eine globale Gedankenform hervorrief, die man als *Auslöschungsprogramm* bezeichnen könnte. Sie führte zu dem Glauben, das die menschliche Gesellschaft irgendwann in der Zukunft gewaltsam ausgelöscht werden würde. In einigen Szenarien beinhaltete das die Zerstörung des Planeten. In anderen Szenarien strafte ein rachsüchtiger Gott die Menschen für ihre böse und sündhafte Lebensweise. Dieses Auslöschungsprogramm sollte im

Allgemeinen am Ende des zwanzigsten und Anfang des einundzwanzigsten Jahrhunderts seine Wirkung entfalten, also zu der Zeit, in der wir uns gerade befinden.

Die Sternenkinder haben uns geholfen, rasch aufzuwachen, die Verantwortung für das zu übernehmen, was wir erschaffen haben und uns dem Auslöschungsprogramm zu entziehen. An seine Stelle trat etwas, was man als *Fortbestandsprogramm* bezeichnen könnte. Die Sternenkinder haben uns geholfen, uns von dem selbst erschaffenen Drama zu befreien und damit zu beginnen, es durch die Vision der neuen Erde zu ersetzen.

Der folgende Text ist eine gechannelte Botschaft, die ich von den Kristallkindern empfing. Sie handelt von eben diesem Wandel bei der Erschaffung unserer Realität:

EINE BOTSCHAFT DER KRISTALLKINDER AN DIE MENSCHEN AUF DEM PLANETEN ERDE

gechannelt von Celia Fenn

Liebe Menschen auf dem Planeten Erde,

wir, die Kristallkinder, treffen gerade in bedeutender Anzahl bei Euch auf der Erde ein. Wir sind gekommen, um Euch dabei zu unterstützen, die neue Erde ins Leben zu rufen. Es ist an der Zeit. Doch während wir so hart daran arbeiten, die neue Energie zu halten und zu Euch zu bringen, möchten wir gern, dass Ihr ein Verständnis für die gegenwärtige Dynamik der Energien auf der Erde entwickelt. So viele von Euch fragen sich, warum sich in Eurem Leben scheinbar nichts mehr bewegt und warum Ihr Euch so müde und unglücklich fühlt. Ihr scheint nicht fähig zu sein, mit Eurer geistigen Führung und Euren Engeln Kontakt aufzunehmen, und Ihr wisst nicht mehr, welchen Weg Ihr im Leben einschlagen sollt.

Wir möchten Euch wissen lassen, dass jene von Euch, die Lichtarbeiter sind, und auch die Indigo- und Kristallmenschen, sich alle unglaublich schnell entwickelt haben. Viele von Euch haben sich geöffnet, um voll erwachte Menschen mit einem multidimensionalen Bewusstsein zu werden. Doch fordert diese rasche Entwicklung auch ihren Tribut von Euch, und wir bitten Euch innig, Euch zu entspannen und auszuruhen, denn in der augenblicklichen Phase ist es nicht so sehr von Bedeutung, dass Ihr Euch rasch entwickelt, sondern vielmehr, dass Ihr Euch vor allem bewusst seid, was sich um Euch herum abspielt.

In dieser Botschaft möchten wir Euch erklären, was gerade mit der Erde geschieht und wie wir Euch hier zu dieser Zeit helfen können. Da mehr und mehr von uns hier eintreffen, wird es immer einfacher für uns und für Euch, die Energie einer neuen Erde aufrechtzuerhalten.

Ein Programm zur Selbstzerstörung?

Wir möchten, dass Ihr begreift, dass die Erde darauf programmiert gewesen ist, sich zum jetzigen Zeitpunkt selbst zu zerstören.

Von wem erstellt?

Nun, von Euch selbst, auch wenn das vor langer Zeit geschah und Ihr das auf Eurer langen Reise durch die Inkarnationen vermutlich vergessen habt.

Das einflussreichste Programm in der Hinsicht, das im Moment am Laufen ist, ist das christliche Programm des Armageddon. In der Bibel wird prophezeit, dass einmal eine Zeit kommen wird, die man *den jüngsten Tag* nennt, und dass es dann einen letzten Weltkrieg gibt, der zu großer Zerstörung, Drangsal, Armut und Tod führen wird.

Doch es gibt noch weitere Programme und Kalender, die anzeigen, dass dies die *Endzeit* ist und die Menschheit nun Zerstörung und ein gewaltsames Ende erleiden soll.

Ein Teil der christlichen Programme und der New-Age-Programme beinhaltet die Ankunft eines Planeten mit Namen »Wurmfutter« oder Nibiru, der große Überschwemmungen verursachen und die menschliche Rasse auslöschen werde.

All diese Programme beruhen auf dem Glaubenssatz, dass die Menschen im Grunde schlecht und zerstörerisch seien und dass sie sich am Ende selbst vernichten werden.

Und dass sie gerade dabei seien, das zu tun!

Wir, die Kristallkinder, möchten Euch begreiflich machen, dass diese Programme keinesfalls Realität werden müssen. Sie stammen nicht von einer höheren Quelle, sondern aus Eurem eigenen kollektiven Bewusstsein.

Ihr seid die Schöpfer Eurer Realität, und Ihr habt diese Programme erschaffen!

Wir, die Kristallkinder, sind gekommen, um Euch bewusst zu machen, dass es an der Zeit ist, diese furchteinflößenden Programme aufzulösen und sie durch neue Programme der Umgestaltung und Wiedergeburt zu ersetzen.

Drei Fragen und der Krieg der Gedankenformen

Es gibt drei Fragen, die wir gern an Euch richten und mit Euch besprechen möchten:

- Könnt Ihr verstehen, dass diese Programme, an denen Ihr festhaltet und die Ihr gleichzeitig so sehr fürchtet, keine unvermeidlichen Wahrheiten sind? Sie sind nichts weiter als *Gedankenformen*, die zur gegenwärtigen Zeit an Kraft gewonnen haben, weil sie über viele tausend Jahre hinweg mit Energie gefüttert wurden.

- Könnt Ihr verstehen, dass diese Gedankenformen Euch beherrschen und kontrollieren?

- Könnt Ihr verstehen, dass Ihr diese Gedankenformen erschaffen habt und auch wieder VERÄNDERN könnt?

In eben diesem Moment wird auf einer sehr tiefen Ebene Eures kollektiven Bewusstseins ein Krieg ausgetragen zwischen *den alten Gedankenformen der Auslöschung* und *den neuen Gedankenformen der Wiedergeburt und Umgestaltung*.

Wenn es allein nach Euch gegangen wäre, hättet Ihr mittlerweile wahrscheinlich schon die Auslöschung des Planeten herbeigeführt. Doch gab es welche unter Euch, die heranreiften und zu verstehen begannen, dass dies nicht nötig ist. Und so wurde Euch Hilfe geschickt, durch die fortgeschrittenen Seelen der Sternenkinder, die Euch dabei unterstützten, dieser angsterzeugenden Schwingung der Auslöschung zu widerstehen und sie durch eine schöpferische Schwingung, die auf Liebe beruht, zu ersetzen.

Die neue Erde muss nicht durch Zerstörung und Furcht ins Leben gerufen werden, es kann auch ein friedvoller Fortschritt sein, bei dem eine Lebensweise durch eine andere ersetzt wird. Wir, die Kristallkinder, sind gekommen, um genau dafür zu sorgen.

Das Ende ist nicht unvermeidlich
Inzwischen leben viele erwachte Menschen auf dem Planeten, die verstehen, dass Religion eine machtvolle Kraft ist.

Religion entstand aus dem Bedürfnis der Menschen, die heiligen und übernatürlichen Seiten des Lebens zu verstehen. Sie begann als Feier des menschlichen Lebens und seiner Beziehung zur Natur und *Allem Was Ist*.

Doch im Laufe der Zeit entwickelte Religion sich zu einem Kontrollsystem, das auf Angst beruht. Sie brachte Euch zunehmend bei, dass Ihr irgendwie schlecht und böse wärt und dass das Leben in der geistigen Welt so viel besser wäre als das Leben im menschlichen Körper. Und so wurdet Ihr unzufrieden mit dem Leben auf der Erde und wünschtet Euch, in der geistigen Welt zu sein anstatt hier. Ihr verlort darüber den Bezug zu Eurer eigenen physischen und materiellen Wirklichkeit, denn Ihr hattet damit auch die Freude am materiellen Leben verloren.

Ihr ließt zu, dass Eure Körper erkrankten und die Lebensspanne sich verkürzte, denn in Wahrheit wolltet Ihr nicht mehr auf der Erde sein. Ihr erdachtet Euch Konzepte wie Sünde und Karma, um zu erklären, warum das Leben so schwierig war und warum Ihr hier gefangen wart, obwohl Ihr doch so viel lieber in der geistigen Welt wärt.

Diese Konzepte fügtet Ihr in Eure Religion ein, und so wurden sie zu einem Teil Eurer Glaubensvorstellungen darüber, warum Ihr hier auf der Erde wart.

Ihr begannt außerdem, Euch innerlich von dem Planeten zu entfernen und ihn als wertlos zu betrachten, weil er ebenfalls aus Materie war, und da Ihr das materielle Leben verachtetet, begannt Ihr auch, den Planeten zu verachten und ihn als krank und unnütz zu sehen und zu meinen, dass er ebenfalls ausgelöscht gehört. Und so begannt Ihr, das Ende zu prophezeien, das Euch die Befreiung von der Materie schenken würde.

Doch die Ironie an der Geschichte ist, dass Ihr niemals Gefangene wart. Ihr *wolltet* hier sein, Ihr habt es nur vergessen, als Ihr auf der Erde eintraft und man Euch sagte, wie schlecht Ihr wärt und wie krank die Erde sei.

Es wird Zeit zu erkennen, dass diese Geschichten nicht wahr sind und Ihr Euch nicht weiter von diesen Glaubensvorstellungen einwickeln lassen müsst.

Bitte versteht, Ihr Lieben, dass IHR es wart, die diese Religionen und religiösen Glaubenssysteme erschaffen habt, und dass die Engel und höheren Wesen, die mit Euch gearbeitet haben, nicht mehr waren als Aspekte Eures Höheren Selbstes im Kollektiv. Es waren Manifestationen von EUCH in der geistigen Welt.

Wenn Ihr Material empfangt und Botschaften übermittelt bekommt, verbindet Ihr Euch mit der Höchsten Informationsquelle auf dem Planeten Erde. Bitte versteht, dass die geistige Welt schon immer ihre Probleme mit der materiellen Manifestation und dem Leben innerhalb der Materie hatte. Sie versteht menschliche Erfahrungen nicht immer, und wenn Ihr beschließt, Euch vom Leben in der Materie und vom Planeten selbst zu befreien, dann helfen Euch die Engel dabei, die entsprechenden Szenarien als Gedankenformen zu erstellen, damit sie Realität werden können.

Deshalb haben so viele von Euch das Gefühl, sie könnten dieser Tage keinen rechten Kontakt zu ihrer geistigen Führung und zu ihren Engeln aufnehmen. Dieser Aspekt von Euch ist sich nicht länger sicher, was die Menschen denn nun wirklich wollen. Er wartet darauf, ob Ihr Euch für die Auslöschung entscheidet, wie ursprünglich geplant, oder dafür, das Programm des Planeten Erde in Form einer Neugestaltung fortbestehen zu lassen.

Aber das müsst IHR entscheiden, IHR allein habt die Wahl! Die Höheren Aspekte namens Engel erwarten EURE ENTSCHEIDUNG in Bezug darauf, wo Ihr gern sein wollt und was Ihr Euch für die Zukunft Eures Planeten wünscht.

Wir sind hier, um unseren Beitrag dafür zu leisten, dass genug Menschen sich für den Fortbestand entscheiden. Mit jedem Kristallkind, das geboren wird, erhebt sich eine Stimme mehr im Kollektiv, die sich für den Fortbestand ausspricht. Wir möchten Euch wissen lassen, dass es mittlerweile eine hinreichend große Anzahl von Stimmen gibt, die sich für den Fortbestand enschieden haben, dass sie eine kritische Masse bilden. Das allein kann schon den Weg zu einer neuen Erde bereiten, selbst in diesen Zeiten.

Wie die Gedankenformen Euch beherrschen
Die Auslöschungsprogramme haben keinen Erfolg gezeigt, weil genug Lichtarbeiter sowie Indigo- und Kristallmenschen hier auf der Erde waren, um das Gleichgewicht zu halten.

Doch wir möchten, dass Ihr Euch darüber im Klaren seid, dass diese Programme Euch noch so lange beherrschen können, wie Ihr Menschen nicht ERWACHT seid, denn sie erzeugen gewisse Emotionen und Gefühle, die derart gestaltet sind, dass sie eine massenweise Verzweiflung und schließlich sogar einen Massenselbstmord auslösen könnten, wenn Ihr als Menschen weiter Eure Szenarien des Armageddons ablaufen lasst.

Diese Gedankenformen befinden sich im kollektiven Bewusstsein der Menschheit, und von dort beziehen sie Ihre Kraft. Ihr seid Euch ihrer im täglichen Leben vielleicht nicht bewusst, doch weil wir alle durch das kollektive oder Gruppenbewusstsein miteinander verbunden sind, sind diese Vorstellungen in unserem Unterbewusstsein ständig wirksam.

Das ist oft auch der Ursprung des Stresses, des Zorns und der Verzweiflung, die viele Menschen gegenwärtig empfinden.

Die Menschen haben den Eindruck, dass es nicht genügend Ressourcen gibt, um ihre Grundbedürfnisse zu befriedigen, sie fürchten sich vor Krankheiten und vor dem Tod, sie haben Angst vor dem

Alter, sie kämpfen um den Erhalt ihrer Beziehungen und sind ganz allgemein sehr erschöpft. Sie spüren die Auswirkungen des Auslöschungsprogrammes, das ihnen zuflüstert, dies sei DAS ENDE.

Nein, es ist nicht DAS ENDE. In Wahrheit ist es ein *Neuanfang*. Eigentlich sollte dies eine Zeit der Freude und des Feierns sein. Doch wir verstehen, warum so viele von Euch noch mit den Auswirkungen des Auslöschungsprogramms zu kämpfen haben.

Lasst nicht zu, dass diese Programme Euch weiter beherrschen. Ihr müsst Euch bewusst machen, dass eine andere Zukunft möglich ist und Ihr eine bessere Wahl treffen könnt, für das JETZT wie für die ZUKUNFT.

Ihr sollt wissen, dass der Mittlere Osten die Geburtsstätte für viele dieser Gedankenformen und Auslöschungsprogramme war, und der Mittlere Osten bleibt auch der Ort, an dem diese Vorstellungen ihre volle Kraft entfalten. Viele von Euch warten voller Unbehagen auf den Dritten Weltkrieg und das abschließende Armageddon.

Bitte macht Euch bewusst, dass Ihr diese Realität nicht zu unterstützen braucht. Wenn sich immer mehr Menschen für den Fortbestand entscheiden, wird die NOTWENDIGKEIT für den Konflikt im Mittleren Osten entfallen, und der Konflikt wird aufhören. Dieser Konflikt dient nur dazu, dass die Gedankenformen das Armageddon programmieren können.

Über die Erschaffung neuer Gedankenformen

Wir, die Kristallkinder, sind hier, um Euch dabei zu helfen, neue, energetisch wirksame Gedankenformen zu erschaffen, die auf Wiedergeburt und Umgestaltung beruhen. Das mag ein langsamer Prozess sein, der davon abhängig ist, wie viele Menschen die neue Energie halten und wie viele Kristallkinder geboren werden, doch am Ende wird er von Erfolg gekrönt sein. Der kritische Moment gehört bereits der Vergangenheit an.

Wir möchten Euch daran erinnern, wie viele von Euch in den Jahren zwischen 2000 und 2003 einen äußerst schnellen, spirituellen Wachstumsprozess durchliefen. Das war die Zeit, in der so viele von Euch sich für den Fortbestand entschieden, indem Ihr Euch für ein multidimensionales Bewusstsein öffnetet und zu dem erwachtet, was Ihr in Wahrheit seid. Es war auch die Zeit, in der wir begannen, in ständig wachsender Anzahl auf dem Planeten einzutreffen, um Euch beim Übergang zu unterstützen und dafür zu sorgen, dass das Programm für den Fortbestand erfasst wurde und seinen Lauf nahm. Eure Stimmen wurden gezählt, und die Energie des Fortbestands wurde erfasst. Eure Bemühungen setzten das Auslöschungsprogramm außer Kraft. Doch es befindet sich noch immer im kollektiven Bewusstsein, dank derer, die mit Hilfe seiner Energien weiter Religionen und Sekten speisen, die nach wie vor diesen Lehren hörig sind.

Es ist nun an Euch, den Lichtarbeitern, und an uns, den Kristallkindern, ob wir die Vision einer neuen Erde am Leben erhalten und zum Geburtsvorgang beitragen können.

Es wird geschehen, doch wann genau, hängt von uns ab und davon, wie eisern wir an der Vision festhalten und es diesem neuen Programm ermöglichen, im kollektiven Bewusstsein der Menschen Formen anzunehmen.

Der Fortbestand geschieht auf einer höheren Ebene

Wir möchten Euch außerdem wissen lassen, dass diejenigen unter Euch, die für das Szenario des Fortbestands gestimmt haben, gleichzeitig ihre Zustimmung dafür gegeben haben, ihre Energiekörper auf die höhere Ebene anzuheben, die als multidimensional bekannt ist.

Viele von Euch haben den Übergang bereits vollzogen, und viele weitere müssen diesen Prozess noch durchlaufen.

Diejenigen unter Euch, die den Übergang bereits vollzogen haben, werden zusammen mit den Kristallkindern diejenigen unter Euch, die den Prozess noch durchlaufen müssen, unterstützen.

Zu diesem Prozess gehört auch die Heilung all Eurer Wunden, sowohl Eures inneren Kindes als auch der Wunden aus vergangenen Inkarnationen. Er beinhaltet auch die Öffnung Eures Energiefeldes einschließlich aller dreizehn Chakren des neu entstehenden menschlichen Engels, der im Vollbesitz des Christusbewusstseins ist.

Nach und nach wird sich die Erde mit Lichtwesen füllen, die menschliche Engel mit multidimensionalem Bewusstsein sind, sich dessen bewusst, wer sie sind und warum sie hier sind. Sie werden mit offenem Herzen leben, alle anderen Menschen und sonstigen Lebewesen lieben und herzlich an ihnen Anteil nehmen. Sie werden den Planeten ehren und ein Paradies voller Schönheit erschaffen. Den Himmel auf Erden. Es ist nicht mehr allzu lange bis dahin. Es wird sich noch innerhalb Eurer Lebensspanne manifestieren. Die schwierige Zeit ist jetzt, weil so viele von Euch die beiden Welten überbrücken und dabei für viele Menschen zu einer Brücke in die neue Wirklichkeit werden.

Diejenigen auf der Erde, die sich entschieden haben, nicht in die neue Wirklichkeit einzutreten, werden ihr Leben aller Wahrscheinlichkeit nach ganz normal zu Ende führen. Aber sie werden nicht noch einmal auf die Erde zurückkehren können, weil sie künftig nur noch Kristallwesen mit einem multidimensionalen Bewusstsein beziehungsweise einem voll erwachten Christusbewusstsein annehmen wird. Jenen, die den Übergang nicht vollziehen, wird dann freigestellt sein, ihre Evolution auf einem anderen Planeten fortzusetzen, wo sie weiter im dreidimensionalen Bewusstsein leben können. Die Erde ist nicht länger eine Schule für Menschen mit dreidimensionalem Bewusstsein, diese Aufgabe ist abgeschlossen. Die Erde ist aufgestiegen und jetzt das goldene Zuhause der menschlichen Engel.

Diese Wirklichkeit steht fest. Wir laden Euch ein, mit uns zusammenzuarbeiten und uns bei der Erschaffung der neuen Erde zu unterstützen.

Die Erschaffung der neuen Erde: Eine bewusste Entscheidung für Wiedergeburt und Fortbestand

Um die neue Erde in unserem Bewusstsein entstehen zu lassen, müssen wir uns von den Glaubenssätzen lösen, die uns weismachen wollen, dass die Dinge eben so sind, wie sie sind. Nichts, was heute auf der Erde existiert, ist unveränderbar. Es ist veränderbar durch *uns*. Wir müssen nur auf die eigene Kraft als Schöpfer unserer Wirklichkeit Anspruch erheben, um mit der Erschaffung dieser neuen Wirklichkeit beginnen zu können.

Es wird nicht über Nacht geschehen. Es wird ein allmählicher Prozess sein, an dem wir arbeiten müssen, wenn wir das Gleichgewicht, das auf dem Planeten verloren gegangen ist, wiederherstellen wollen. Die ersten Schritte in Richtung auf das Wiedererlangen des Gleichgewichts haben wir bereits getan.

Sie bestanden darin, die Göttin wieder unter uns willkommen zu heißen. Wir erkannten, dass wir nach Tausenden von Jahren des Patriarchats und der hierarchisch strukturierten Religionen jede Vorstellung davon verloren hatten, wer oder was sie eigentlich ist. Als sie, getragen von den Seelen der Sternenkinder, auf den Schwingungen des indigo-violett-silbernen Strahles zur Erde zurückkehrte, begannen wir wieder unseren Herzensraum zu öffnen, in dem die Göttin wohnt.

Wir öffneten uns damit der Sanftmut, Fürsorge, Aufnahmefähigkeit und bedingungslosen Liebe. Wir begannen uns wieder als Teil des Ganzen zu sehen, als Teil einer Familie, die nicht nur unsere leiblichen Verwandten umfasst, sondern den gesamten Planeten, einschließlich der Tiere, Bäume, Pflanzen, Fische, Felsen, Ozeane und anderen Menschen. Wir begannen, uns als Teil von *Allem Was Ist* zu sehen. Wir erkannten, dass wir alle Teil der großen Einheit sind, und wir begannen, uns wieder in die Liebe zu begeben.

An diesem Ort des Einheitsbewusstseins regt sich gerade zaghaft das Pflänzchen des Christusbewusstseins.

Viele wurden sich zum ersten Mal seit Tausenden von Jahren bewusst, dass sie dem Planeten gegenüber eine Sorgfaltspflicht haben. Sie erkannten, dass sie nicht nur hier sind, um sich zu bereichern und zu entfalten. Ein Bewusstsein für Gemeinsamkeit regte sich, für das miteinander teilen und für die Verantwortung gegenüber einer Sache, die über den Einzelnen hinausgeht. Und gleichzeitig der Verantwortung dafür, dass das eigene Wohlbefinden ganz essenziell für die Gesundheit ist und dass der Weg zum Wohlbefinden des gesamten Planeten über das Wohlbefinden aller führt.

Eine neue Lebensweise zeichnet sich ab. Eine Lebensweise, die auf diesem Bewusstsein planetenweiter Verantwortung aufbaut. Eine einfache Lebensweise, die nichts mehr in Unordnung bringen und sinnlos anhäufen will. Die ruhig und friedlich ist und eher auf geistigen Werten als auf Materialismus beruht. Eine Art des Lebens, bei dem die Erfahrung des Überflusses sich nicht daran bemisst, wie viel materieller Wohlstand sich ansammeln lässt, sondern vielmehr daran, wie viel Frieden und Liebe im Innen und Außen man in seinem Leben erschaffen kann. Das ist eine Lebensweise, die sich nicht länger an der Wirtschaft ausrichtet, sondern auf Liebe und Vertrauen basiert.

Die folgende Durchsage hilft uns, klar zu erkennen, wie ein solches, neues Leben für uns aussehen kann. Ich empfing sie medial von den Regenbogenkindern:

Liebste menschliche Brüder und Schwestern,
wir bringen Euch diese Botschaft voller Freude und Seelenkraft, weil wir gerade dabei sind, dem Planeten eine neue, machtvolle Energie zu bescheren. Es ist die Kraft des HERZENS. Als im Juni 2004 der Venus-Transit war, die Venus also an Eurer Sonne vorbeizog, da vereinigten sich die männlichen und weiblichen Energien zu einem Prisma, das Regenbogenlicht verströmt, und wir, die Regenbogenkinder, haben damals begonnen, das kollektive Bewusstsein der Menschen mit unserer Energie zu bestrahlen.

Unsere Botschaft ist einfach. Wir bitten Euch, unsere älteren Brüder und Schwestern, einen tiefen Wandel in der Art Eures Denkens, Fühlens und Lebens zu vollziehen. Ihr sollt erkennen, dass wir, die Sternenkinder, seit den Siebzigerjahren in großen Wellen auf Eurem Planeten geboren werden.

Wir kommen, um Euch zu zeigen, dass Ihr aus dem Gleichgewicht geraten seid und wie dringend erforderlich es für Euch ist, dass Ihr Euer Gleichgewicht wiederfindet, damit Euer Planet sein Gleichgewicht wiederfinden kann.

Die Indigokinder haben Euch verdeutlicht, wie starr und unflexibel und zerstörerisch Ihr geworden seid. Die Kristallkinder haben Euch verdeutlicht, wie verschlossen und gefühllos Ihr geworden seid, und wir, die Regenbogenkinder, sind jetzt hier, um Euch zu lehren, wie Ihr Euer Herz öffnen und Euch wahrhaft wieder eins mit dem großen Herz fühlen könnt, das in der Mitte des Universums schlägt. Bei jedem seiner strahlenden Pulsschläge schimmert das Universum von den Energien der Göttlichen Mutter und des Göttlichen Vaters auf, und jeder von Euch empfängt diese Wellen aus goldenem und silbernem Licht. Diese Wellen leuchtender Energie sind der Schlüssel, der Euer Herz für die Wahrheit öffnet, wer Ihr in Wahrheit seid und wo Ihr Euch befindet.

Über ein Leben im Wohlstand

Die Menschen haben vergessen, wie man Wohlstand in seinem Leben herbeiführt. Ihr habt eine Welt erschaffen, in der Ihr Euch unter Wohlstand materiellen Überfluss vorstellt. Wir möchten Euch wissen lassen, dass dem nicht so ist.

Wohlstand ist ein Seinszustand der Seele, eine Befindlichkeit. Er wird bestimmt von Zufriedenheit und Frieden und dem Wissen, dass immer genug zur Verfügung steht. Es ist ein innerer Zustand des Vertrauens und der Ausgeglichenheit, der sich in der materiellen Welt als Harmonie im Äußeren manifestiert.

So viele von Euch besitzen genug, um ihre Bedürfnisse zu stillen, und doch seid Ihr unglücklich, weil Ihr meint, dass Ihr noch mehr besitzen solltet. Dass Ihr genug besitzen solltet, um Euch alle Sehnsüchte erfüllen zu können.

Doch die meisten von Euch sind im Augenblick ihrer wahren Natur gegenüber so verschlossen, dass sie ihre tatsächlichen Sehnsüchte überhaupt nicht kennen.

Ihr habt die Vorstellung, dass Eure Sehnsüchte sich durch materielle Manifestationen erfüllen lassen, und manchmal ist es auch so. Doch Sehnsucht ist eine Regung der Seele, die auf Selbsterforschung und Selbstfindung ausgerichtet ist, auf die Erfahrung, dass man eine Verlängerung der Göttlichen Kraft ist. Sie hat kaum etwas mit Geld oder materiellem Besitztum zu tun. Sehnsucht ist ein geistiges Abenteuer, das auf einem offenen Herzen beruht.

Ihr werdet jetzt inniglich gebeten, Euer Bedürfnis nach einem ausschweifenden, materiellen Konsum loszulassen und die Kunst des einfachen Lebens zu erlernen. Und dabei zu lernen, Eure Ressourcen miteinander zu teilen. Es geht eigentlich nicht um Geld, sondern um Ressourcen. Und ein Planet ist ein System, in dem Ressourcen ausgewogen verteilt und miteinander geteilt werden müssen, damit alle Lebewesen auf dem Planeten versorgt sind, so wie es dem Willen des Schöpfers entspricht.

Es ist ein Universelles Gesetz, dass ein Planet nur eine Bevölkerung in der Anzahl tragen kann, die er auch ernähren kann. Euer Planet kann jeden Menschen tragen, aber Ihr habt Armut und Krankheiten hervorgebracht, weil Ihr mit Euren Ressourcen nicht umgehen könnt. Ihr habt Eure Herzen verschlossen und seid in Ängste verfallen, und Ängste erzeugen Gier und Ärger. Es gibt auf diesem Planeten einige wenige, die so viel Reichtum besitzen, dass sie ihn gar nicht nutzen können, und viele, die in tiefer Armut und Verzweiflung leben. Es ist an der Zeit aufzuwachen und Eure Herzen wieder zu öffnen. Niemand muss in Armut leben, und wir sagen es noch einmal: Der Planet versorgt jede Lebensform, die beschließt, sich hier zu verkörpern.

Wir, die Regenbogenkinder, bringen Euch die Energie der Ausgewogenheit zurück. Gemeinsam mit Euch werden wir die Erde, die Ozeane und die Luft wieder ins Gleichgewicht bringen, genauso wie die Herzen der Menschen, und auf der Erde wieder einen Zustand herbeiführen, der echter Wohlstand ist.

Ein armes oder ein einfaches Leben?

Wir wissen, dass viele von Euch denken, dass das Universum grenzenlos ist und Ihr alle in großem Wohlstand leben solltet, und Ihr meint damit großen materiellen Reichtum und Komfort. Das ist nicht unbedingt wahr. Alle weisen Zivilisationen, die auf Eurem Planeten gelebt haben, waren sich darüber im Klaren, wie wichtig es ist, leichten Fußes auf der Erde zu wandeln, ihr so wenig Schaden wie möglich zuzufügen und ihre Ressourcen mit allen Lebewesen zu teilen. Ihnen war klar, dass das Universum in energetischer Hinsicht grenzenlos ist, Planeten jedoch begrenzte materielle Systeme sind. Aber es sind auch sich erneuernde Systeme, und wenn sie gut verwaltet werden und gut für sie gesorgt wird, werden sie immerwährend alle Lebewesen versorgen, die auf ihnen leben.

Ein einfaches Leben ist nicht mit Armut gleichzusetzen. Es geht um ein klares Bewusstsein dafür, dass die Entscheidungen des Einzelnen über seine Art zu leben und zu handeln keine Privatangelegenheit sind, sondern Auswirkungen auf alle um ihn herum haben. Wenn Ihr blindlings konsumiert und kauft, stört Ihr den Zustand der Ausgewogenheit, denn Ihr nehmt Euch mehr, als Ihr braucht. Andere werden deshalb weniger haben, als sie zum Leben brauchen, weil gegen ein wichtiges Gesetz zur Wahrung des Gleichgewichts auf dem Planeten verstoßen wird. Wenn andere weniger haben, wirst auch Du weniger haben, vielleicht in emotionaler oder spiritueller Hinsicht. So führt Unausgewogenheit zum Unglück vieler, denn alle werden ein Teil des Ungleichgewichts, weil alle ein Teil des globalen Systems sind.

Wir bitten Euch inständig, Euch als Bewohner *einer Welt* zu betrachten, nicht nur als Bewohner Eures jeweiligen Landes. Ihr fühlt Euch jetzt vielleicht sicher und gut versorgt, aber das wird erst wirklich so sein, wenn alle das von sich sagen können.

Macht Euch wieder Eure Lebensaufgabe bewusst, die Ihr Euch vor Eurer Geburt ausgesucht habt, nämlich Hüter des Planeten zu sein und für den Planeten zu sorgen. Denkt in globalen Maßstäben und nicht nur an Euer eigenes Wohlergehen. Einzig dann, wenn Ihr Euch um das Wohlergehen des Planeten bemüht, könnt Ihr wirklich sicher sein, dass Ihr auch auf lange Sicht für Euer persönliches Wohlergehen sorgt, denn beides ist miteinander verbunden, ist Teil der EINHEIT, die zwischen allen Dingen besteht.

Der einfache Weg von Mitgefühl, Schönheit und Liebe

Die Regenbogenkinder kommen, um Euch zu zeigen, wie Ihr diesen Weg beschreiten könnt. Lernt, Euch selbst zu lieben und Wertschätzung entgegenzubringen. Lebt in dem Wissen, dass Ihr wertvoll seid. Seid liebevoll zu Euch und versorgt Euch mit gutem Essen, körperlicher Bewegung, Zeiten voll Spiel und Liebe. Wenn Ihr Euren eigenen, strahlenden Wert erkennt, beginnt Ihr auch, ihn in den anderen zu sehen. Ihr alle seid ein Ausdruck der Göttlichen Energien aus dem großen Herz inmitten des Universums.

Wenn Ihr anderen Wertschätzung entgegenbringt, spürt Ihr ihre Bedürfnisse und Gefühle wie Eure eigenen, und in Wahrheit sind sie das auch. Sie sind ein Ausdruck des einen Herzens, das in der Mitte Eures Planeten schlägt. Und dieses Herz seid IHR, liebe menschliche Brüder und Schwestern.

Wenn Ihr die Bedürfnisse anderer wahrnehmt, teilt mit ihnen das, was Ihr besitzt. Das kann materiell sein, aber es kann auch einfach Energie sein, ein Segen, der zu ihnen durch Eure Anwesenheit und Liebe kommt, oder der Segen, der zu ihnen kommt, weil Ihr so bewusst lebt, dass Ihr nicht länger durch Ignoranz, Angst oder Habgier zum Leid auf dem Planeten beitragt. Es geht um *ein* Bewusstsein, das klare Bewusstsein, dass Du kein von den anderen abgetrenntes, unabhängiges Einzelwesen bist, sondern eine von unzähligen, miteinander existierenden Ausdrucksformen göttlichen Seins.

Meditiert täglich über Zufriedenheit, Frieden, Freude und die Zuversicht, dass alle Eure Bedürfnisse erfüllt werden. Seid dankbar und bittet darum, dass dies jeder Mensch auf der Erde erleben darf. Dann lebt so weit wie möglich in Harmonie mit Euren Wünschen. Wenn Ihr in diesem Bewusstseinszustand und in Harmonie lebt, beschreitet Ihr den Weg der einfachen Schönheit, Rechtschaffenheit und Liebe.

Die neue Erde entsteht *hier* und *jetzt* – wir sind die Regenbogenkinder.

Eine ähnliche Botschaft empfing ich von den Hathoren, einer Gruppe aufgestiegener weiblicher Wesenheiten, die einst im alten Ägypten als Göttinnen der Liebe und Schönheit erschienen. Laut ihrer Botschaft ist die Erde nun bereit, auf den Weg der Schönheit zurückzukehren. Auch sie betonen, dass dies ein Weg der Einfachheit ist und eher mit innerem Frieden in Resonanz steht als mit äußeren Zeichen von Reichtum und Privilegien:

Wir sind die Wesen, die als Hathoren bekannt sind, und wir grüßen Euch am heutigen Tag.
Wir sind eine aufgestiegene Rasse, die in Euer Schwingungsfeld gekommen ist, um Euch bei Eurem eigenen Prozess des Aufstiegs und der Evolution zu unterstützen. Ihr könnt uns als ältere Schwestern betrachten, denn das sind wir wirklich. Wir sind ein Teil Eurer Familie, und wir freuen uns über jeden Schritt, den Ihr auf dem Pfad Eures Aufstiegs geht.
Wir bieten Euch Ratschläge an, die auf unseren eigenen Erfahrungen beruhen, doch wissen wir natürlich, dass die Entscheidung immer bei Euch liegt. Ihr als Menschen, die zu multidimensionalen Wesen aufsteigen, müsst Euch den Weg selbst erschaffen, der Euch nach vorne führt. Wir ehren Euch dafür.
Wir sind eigens gekommen, um mit den Wesen zu arbeiten, die als Kristallkinder und Kristallerwachsene bekannt sind, und wollen ihnen dabei helfen, sich und ihre Begabungen voll zum Ausdruck zu bringen.
Unser Thema dreht sich heute um die Rückkehr von Schönheit, Harmonie und Liebe auf den Planeten. Wir haben schon früher mit den Menschen gearbeitet, um diese Qualitäten in Euer Schwingungsfeld zu bringen, denn wir sind Meister der Liebe und harmonischer Zusammenklänge von Energien.
Im alten Ägypten erschienen wir als Göttin Hathor, die Schönheit und Liebe verkörperte, und in diesem Rahmen arbeiteten wir auch mit den alten Ägyptern zusammen. Weil Ihr nun aber zu multidimensionalen Wesen aufsteigt, erkennen wir Euch als gleichgestellt an und grüßen den Gott und die Göttin in jedem von Euch.
Der Planet ist nun soweit, die Schwingungen der Liebe, Harmonie und Schönheit zu aktivieren. Wir arbeiten im gesamten Spektrum harmonischer Klänge und Schwingungen, die es im Universum gibt. Derzeit konzentrieren wir uns auf die Strahlen von Gold

und Magenta. Wir legen Euch daher ans Herz, kreativ tätig zu werden und damit zu beginnen, die Schwingungen der Liebe und Schönheit in Eurem Leben wachzurufen. Macht Euch klar, dass durch das Gesetz der Resonanz diese Schwingungen sich exponential ausbreiten, wenn immer mehr von Euch versuchen, sie in ihrem persönlichen Energiefeld zu halten.

Vielleicht fragt Ihr Euch: »Wie erschaffe ich Liebe und Schönheit? Wie macht man das?«

Wir möchten Euch mit einem einfachen, harmonischen Mantra antworten, mit dem Ihr Eure Arbeit beginnen könnt. Man kann es sich leicht merken:

Lebt Euer Leben voller Wohlwollen, Dankbarkeit und Großzügigkeit.

Dieses Mantra ist wirklich hilfreich, um einen Zugang zu den Schwingungen der Liebe und Schönheit zu bekommen.

Wohlwollen beinhaltet Mitgefühl und Vergebung. Versteht, dass Ihr alle auf Eure ganz persönliche Weise nach Glück und Erfüllung strebt, und wenn Euch andere enttäuschen, seid bereit, ihnen zu vergeben und Eure Enttäuschung loszulassen. Vermeidet es, Euch zu ärgern. Tut Ihr es doch, verurteilt Euch nicht, sondern befreit Euch von Eurem Ärger und macht ihm auf ungefährliche und aufbauende Weise Luft, und dann kehrt auf den Weg der Liebe und Schönheit zurück, sobald er sich Euch eröffnet.

Lebt Euer Leben in Dankbarkeit. Wisset, dass jede Erfahrung, die Ihr macht, ein Geschenk der Liebe ist. Versucht, jede Eurer Erfahrungen auf diese Weise zu sehen, und sucht nach dem Geschenk, das in der Erfahrung steckt. Verfallt nicht in Angst, denn dies erzeugt Ärger, Frustration, Schmerz und Schuldgefühle. Bemüht Euch vielmehr, fest in dem Gefühl der Dankbarkeit verankert zu bleiben, für alles, was Euch im Leben begegnet. Dadurch entfaltet sich Eure Schönheit immer mehr und wird tiefer und strahlender.

Großzügigkeit ist ein weiterer Schlüssel zur Schwingung der Liebe. Im Universum herrscht Überfluss, und es ist großzügig. Ihr müsst nur einmal den sternenübersäten Nachthimmel betrachten oder versuchen, die Sandkörner an einem Strand zu zählen, um zu wissen, dass Überfluss ein Universelles Gesetz ist. Nutzt Eure Ressourcen weise, voller Mitgefühl und in Dankbarkeit, doch wisst, dass bei der Schwingung der Liebe das Angebot stets die Nachfrage übersteigt. Ihr alle werdet tief geliebt, und das Universum unterstützt Euch.

Und schließlich bitten wir Euch inständig, Eure Kinder zu lieben und für sie zu sorgen. Die Schwingung der Liebe ehrt und freut sich über jede kostbare Seele, die in menschlicher Gestalt inkarniert, um das Abenteuer der materiellen Verkörperung anzutreten. Wir bitten Euch innig, die Liebe und Schönheit in jedem Kind zu sehen, das Eurem Planeten geschenkt wird. Erst wenn Ihr dazu im Stande seid, kann wirklich von Euch gesagt werden, dass Ihr den Weg der Liebe und Schönheit gefunden habt.

Er ist leicht erreichbar, Ihr Lieben, wenn Ihr ungeachtet all des Chaos, das Ihr gerade um Euch herum erlebt, Euren Schritten eine klare Ausrichtung gebt.

Keine Schuld, keine Angst – nur Liebe: Jenseits von Sünde und Karma

Wenn ein erwachter Mensch erst einmal versteht, dass jeder ein Schöpfer ist, beginnt sich alles für ihn zu ändern, besonders seine Wahrnehmung der Welt. Er beginnt zu verstehen, dass er ebenfalls ein bewusster Schöpfer ist und sein darf, und das gibt ihm den Schlüssel zu der Erkenntnis, dass Glaubenssysteme, die nicht hinterfragbar zu sein schienen, in Wahrheit nur Schöpfungen oder Gedankenformen sind, die Autorität erlangt haben, weil an ihnen über viele Tausende von Jahren festgehalten wurde.

Ein erwachter Mensch versteht, dass wir wirklich alles auf dem Planeten erschaffen haben, auch die Glaubenssysteme, die uns das Leben vorschreiben und ihm Gestalt verleihen. Und er versteht, dass eines der wichtigsten Geschenke der Sternenkinder an uns darin besteht, uns von unseren Glaubenssystemen zu befreien.

Indigokinder kennen keine Schuldgefühle, sie finden, dies sei eine Vorstellung, die nur Zeit und Energie verschwendet. Kristallkinder kennen keine Angst, sie verstehen die Schöpfungskraft der Liebe und wissen, dass Furcht eine Illusion ist.

Ihre Energie auf dem Planeten wird immer stärker, und das macht es uns möglich, uns aus dem Griff zweier Glaubenssätze zu lösen, die den Menschen in Angst halten.

Sünde: Die jüdisch-christliche Rechtsprechung

Der Glaube an Sünde und Unwürdigkeit ist bedauerlicherweise ein zentraler Glaubenssatz des traditionellen Christentums. Jesus Christus selbst lehrte den Pfad der Liebe und Vergebung, doch wurden in den Religionen, die im Anschluss an seine Lehren entstanden, Sünde und Schuld zu zentralen Kontrollmechanismen.

Die Doktrin des Sündenfalls berichtet, dass die ersten Menschen, Adam und Eva, eine Sünde gegen Gott begingen und dadurch bewirkten, dass alle ihre Nachkommen schon bei der Geburt sündig und unwürdig waren. In ihrem Leben als Menschen sollten sie diese Sünde abbüßen, und weil sie das, von Natur aus sündig, nicht vermochten, waren sie alle dem Tod geweiht. Der Opfertod Christi wurde als Schlüssel zur Buße des Menschen betrachtet. Nach dieser Geschichte bleiben wir Menschen Sünde und Tod verhaftet, und daran lässt sich nichts ändern.

Unsere einzige Hoffnung besteht darin, dass wir uns als gut genug erweisen werden, um zu Jesus Christus in den Himmel aufzufahren.

Durch die Hilfe der Indigokinder beim Prozess des Erwachens erkennen wir, dass diese Geschichte entstand, weil wir uns in unseren materiellen Körpern wie Gefangene fühlten. Wir hatten den Eindruck, weniger wert zu sein als die Wesen der geistigen Welt. Wir fühlten uns unwürdig und wurden dafür auch noch bestraft, indem man uns aus der geistigen Welt ausschloss. Wir verloren den eigentlichen Plan aus den Augen, der darin bestand, die Erde mit Menschen zu bevölkern, die nach und nach zu menschlichen Engeln werden sollten. Diese Wesen wären dann sowohl Teil der materiellen als auch der geistigen Welt.

Wir vergaßen, dass dies ein wundervolles Abenteuer in Raum und Zeit war, für das wir uns begeistert freiwillig gemeldet hatten.

Wir hatten zugestimmt, unsere Schwingungsfrequenz herabzusetzen und somit materiell zu werden, und dann wollten wir sie Schritt für Schritt wieder anheben, um als menschliche Engel Licht und Geist in die Materie zu tragen.

Wir vergaßen, dass die Erde ein herrliches Zuhause ist, das die Kraft und Schönheit seines Schöpfers spiegelt. Wir vergaßen, dass es unsere Lebensaufgabe als Mensch ist, den Himmel auf die Erde zu bringen.

Und als wir das vergessen hatten, fühlten wir uns verlassen und begannen die Geschichten zu glauben, dass wir sündig seien und unwürdig und es verdient hatten zu sterben.

Als Christus als Lehrer und Heiler auf den Planeten kam und den fortgeschrittenen Bewusstseinszustand unterstützte, der als Christusbewusstsein bekannt ist, bestand seine bevorzugte Art des Heilens darin, jemandem einfach zu sagen: »Deine Sünden sind Dir vergeben.« Wie in Anerkennung dessen, dass der Glaube an Sünde und Unwürdigkeit und die Schuldgefühle, die so hervorgerufen werden, die wesentlichen Ursachen von Krankheiten und Unwohlsein bei den Menschen sind.

Menschen sind dazu erschaffen, das materielle Leben in Freiheit, Freude und Dankbarkeit zu erfahren. Jede dieser Erfahrungen baut auf der nächsten auf und führt die innewohnende Seele und den innewohnenden Geist auf eine abenteuerliche Entdeckungsreise. Den Schlüssel zu dieser Lebensweise, bei der anderen kein Schaden zugefügt wird, hat uns Jesus mit den Worten geschenkt: »Behandle andere so, wie du von ihnen behandelt werden möchtest« und »Liebe deinen Nächsten wie dich selbst«.

Mit einer solchen Lebenseinstellung wird der Glaube an Sünde überflüssig.

Die Sünde ist ein Konzept, das bereit ist, erlöst zu werden. Wir sind bereit, das Wissen anzunehmen, dass wir ganz, vollständig und vollkommen erschaffen wurden und in Liebe und Frieden leben dürfen. Wir sind bereit anzunehmen, dass es einen Göttlichen Plan gibt und dass alles gut ist, so wie es ist, während das Universum sich entfaltet. Wie die Indigokinder uns gezeigt haben, besteht unsere Aufgabe darin, dass wir unser Leben nach bestem Wissen und Gewissen entfalten. Der Ausdruck unserer göttlichen Begabungen und Talente ist ein Ausdruck der Arbeit des Heiligen Geistes hier auf Erden.

Menschliche Engel brauchen das Konzept der Sünde nicht. Sie streben vielmehr nach Vollkommenheit und Schönheit im tiefsten Inneren ihres Seins.

Karma: Die Schule ist aus!
Die Lehre vom Karma ist Teil der östlichen Philosophien und wurde in Kreisen des New Age zu einer beliebten Erklärung dafür, war-

um sich das Leben so schwierig gestaltet und warum bestimmten Menschen immer bestimmte Dinge widerfahren.

Obwohl die Idee der Reinkarnation ursprünglich ein Teil der christlichen Lehre war, wurde sie bereits vor langer Zeit von der christlichen Lehrmeinung verworfen. So fanden die Lehren des Ostens bei Menschen Anerkennung, die erkannten, dass wir unvergängliche und ewige Wesen sind und mehr als nur ein Leben haben. Wir haben auf unserer langen Reise der Verkörperung und Evolution durch Raum und Zeit schon viele Leben geführt.

In den östlichen Philosophien war Reinkarnation mit der Vorstellung vom Karma verbunden. Obwohl diese Lehre auf der Vorstellung eines kosmischen Gleichgewichts oder einer kosmischen Gerechtigkeit beruht und auch mit Ursache und Wirkung zusammenhängt, entwickelte sie sich schließlich zu der irreführenden Auffassung, das Leben sei eine große Schule und der Zweck der Reinkarnation wäre das Lernen.

Wie das Konzept der Sünde unterstützte diese Auffassung die Vorstellung, der Mensch wäre unwürdig. Böses stieße uns zu, weil wir in vergangenen Leben böse gehandelt und unsere Lektion nicht gelernt hätten.

Wären wir gut gewesen und hätten wir unsere Lektion gelernt, wären wir jetzt schon auf einer höheren Ebene. Und wenn wir weiter unsere Lektionen nicht lernten, wären wir dazu verurteilt, auf dem Rad des Karma unablässig weiter unsere Runden zu drehen, mit immer neuen Inkarnationen.

Diese Lehre ist ein Versuch zu erklären, wie sich die Evolution durch wiederholte Inkarnationen vollzieht. Doch sieht sie das Leben als fortlaufende und schwierige Paukerei, ähnlich wie in der Schule, wo der Lernerfolg oder das Lernversagen bestimmen, wie angenehm das Leben für den Einzelnen verläuft.

Die spirituelle Evolution der Menschen ist wirklich so angelegt, dass wir uns von Inkarnation zu Inkarnation weiterentwickeln und entfalten. Wir bauen auf Erfahrungen und Erkenntnissen vorheriger Inkarnationen auf und müssen wahrhaftig öfter einmal unseren Standpunkt wechseln und erweitern.

Doch dies ist ein Prozess, in dem wir in Liebe getragen sind, und wir sind nicht die Geiseln unserer ehemaligen Handlungen und Reaktionen. Sogenanntes Karma ist jederzeit durch Liebe auflösbar. Alles, was erforderlich ist, um jegliche magnetische Bindungen an vergangene Erfahrungen aufzulösen, sind Liebe und Vergebung. Können wir nicht lieben und vergeben, werden wir weiter diese spezielle Energie anziehen, bis wir die magnetische Anziehungskraft aufgelöst haben.

Erwachte Kristallmenschen wissen daher, wie wichtig es ist, jeden Tag bewusst zu leben, negative Emotionen immer gleich aufzulösen und allem und jedem jederzeit mit Liebe und Vergebung zu begegnen. Dann wird die Vorstellung von Karma überflüssig, und es verliert seine Notwendigkeit.

Der göttliche Schöpfer ist kein Schulleiter, und der Planet namens Erde ist keine kosmische Schule, in der die Menschen verpflichtet sind, zu büffeln, bis sie einen Abschluss erreicht haben.

Der Kosmos ist ständig in Entwicklung begriffen, und während die Evolution voranschreitet, finden wir alle zu einem neuen Verständnis hinsichtlich dessen, wer und was wir sind. Während dieses neue Verständnis in uns aufsteigt, erlauben wir ihm, uns zu einem neuen und anderen Wesen zu formen und zu gestalten. Auf diese Weise vollzieht sich der Prozess der spirituellen Evolution, ein liebevoller und freudvoller Prozess, bei dem man durch Sanftmut und Liebe ans Ziel gelangen kann.

Karma ist nicht länger erforderlich. Es wird Zeit, es aus unseren Geschichtsbüchern zu streichen. Wir Menschen beginnen nun zu verstehen, dass das eigentlich Großartige an der ganzen Evolution nicht etwa darin besteht, eine Art Schulabschluss zu erhalten und woandershin zu wechseln, sondern darin, sich hier aufhalten und die Erde als das Zuhause der sich neu entwickelnden menschlichen Engel erleben zu dürfen.

Der Himmel auf Erden. Nach Hause kommen, indem wir hier bleiben. Keine Lektionen mehr, nur die liebevolle Entfaltung durch Erfahrungen, die wir uns selbst erschaffen und denen wir uns auf unserer fortwährenden Reise der Evolution anvertrauen.

Liebe, Vergebung, Mitgefühl:
Die Kraft des erwachten Kristallmenschen

Sünde, Schuldgefühl, Furcht und Karma halten uns davon ab, unser Leben als freudvolles, selbst gestaltetes Abenteuer zu erfahren. Wenn wir zu menschlichen Engeln werden, so werden wir auch zu einem klaren Kanal für die Arbeit des Heiligen Geistes durch die Seele in uns.

Wir verstehen, was für eine enorme Macht uns vom Heiligen Geist geschenkt wurde und worin die Unterstützung der Indigo- und Kristallkinder für uns besteht, die bei diesem Übergang in unsere Seelenkraft unsere Helfer sind.

Liebe ist der erste Schlüssel. Das Wissen, dass der Kosmos gütig ist und uns in unserem Wachstum und bei unserer Entwicklung unterstützt, ist befreiend. Wir können alles erschaffen, wonach wir uns sehnen, und wenn wir ein klarer Kanal für den Heiligen Geist bleiben, können wir auch in Klarheit erschaffen. Wir müssen uns nur immer an das Prinzip der Einheit und Verbindung erinnern. Wir sind keine abgetrennten Einzelwesen, sondern Teil eines Ganzen, und unsere Entscheidungen und Wünsche müssen nicht nur unserem eigenen höchsten Wohl entsprechen, sondern auch dem Wohl des Ganzen. Als bewusste Wesen sollten wir als allererstes an das Wohl des Planeten denken, dann an das Wohl derer um uns herum und schließlich an unser eigenes, persönliches Wohl.

Vergebung bleibt ein unentbehrlicher Schlüssel für ein bewusstes Leben. Befinden wir uns in einem Zustand der fortwährenden Vergebung, werden wir niemals die negativen Emotionen der Schuld, Reue und Trauer empfinden. Wir werden Verantwortung dafür übernehmen, wer wir sind und was wir tun, doch werden wir immer integer sein und zum höchsten Wohl des Ganzen handeln. Wenn unsere Handlungen so motiviert sind, ist es nicht erforderlich, jemandem zu grollen, Ärger oder Zorn zu empfinden. Wir verstehen dann, dass alles, was wir erleben, unserem höchsten Wohl dient, und wir können nach dem Geschenk der Gnade Ausschau halten, die in allem steckt, was wir mit anderen erfahren und durchmachen. Lassen wir die negativen Emotionen los, so heben wir die magnetische Ladung auf, die wieder und wieder ähnliche Erfahrungen in unser Leben ziehen würde.

Mitgefühl ist der dritte Schlüssel. Es zeigt sich in Toleranz, Respekt, Einsicht, Anteilnahme und Verständnis. Im Verstehen der Einheit. Dazu kann auch Güte gehören, doch ist es nicht erforderlich, dass wir andere unbedingt retten. Mitgefühl ist eher ein Seinszustand als ein Zustand des Handelns. Mitgefühl zu haben bedeutet, in einer bestimmten Frequenz der Liebe und des Einheitsbewusstseins zu schwingen, was einen zu gewissen wohltätigen Handlungen oder Gefälligkeiten anderen gegenüber motivieren könnte, wenn es einen danach verlangt. Mitgefühl selbst erfordert nichts weiter als das Eintreten in diese Schwingung und Frequenz der Einheit und das Verstehen, dass wir alle Teil des Ganzen sind, auch wenn wir uns als Einzelwesen Ausdruck verschaffen.

Weil wir Einzelwesen sind, sind wir alle anders, unterscheiden uns voneinander und haben verschiedene Ansichten und Auffassungen. Doch im Grunde sind wir EINS, und wir werden lernen, gemeinsam nach dem zu suchen, was uns verbindet, statt nach dem, was uns trennt – und wir werden es finden.

Und so entstehen, während die neue Erde ins Leben gerufen wird, zugleich eine neue Lebensweise und ein neues Sein.

Der heilige Tanz:
Multidimensionale, herzzentrierte Beziehungen

Einer der wesentlichen Bereiche, in denen wir die neue Energie unmittelbar spüren können, ist der Bereich der Beziehungen. Besonders bei sehr tiefen, liebevollen Beziehungen zwischen Erwachsenen sind die Veränderungen deutlich wahrzunehmen, obwohl alle Beziehungen die neuen Energien erfahren und das starke Bedürfnis verspüren, sich in den neuen Bereich des Herzensraums hineinzubegeben.

Vieles von dem Material, das ich zu diesem Thema gesammelt habe, stammt aus Gesprächen mit erwachsenen Indigo- und Kristallmenschen, die zu diesem Zeitpunkt Ende Zwanzig oder Anfang Dreißig waren. Sie sind alle dabei, ihre Lebensaufgabe zu verfolgen und arbeiten an neuen Verhaltensmustern im Bereich Liebe, Beziehungen und Sexualität.

Diese fortgeschrittenen Wesen haben für sich erkannt, dass die Art und Weise, wie ihre Eltern Beziehungen aufbauten und unterhielten, für sie nicht funktioniert. Sie erkunden neue, authentischere Wege und experimentieren damit, um die Wahrheit ihres Herzens und ihres Geistes zum Ausdruck zu bringen.

Über die neue Art von Beziehungen:
Den Herzensraum finden

Bevor wir uns näher mit dieser neuen Art von Beziehungen befassen, werfen wir einen kurzen Blick zurück und betrachten, worum es denn früher bei Beziehungen ging.

Aus metaphysischer Sicht wurden Beziehungen im zwanzigsten Jahrhundert, wie die meisten Bereiche des täglichen Lebens, von den Energien der unteren drei Chakras bestimmt. Mit anderen Worten, in den meisten Liebesbeziehungen ging es um einen Austausch von Geld (Wurzelchakra), Sex (Sakralchakra) und Macht (Solarplexuschakra). Welche Gefühle und Emotionen auch immer zwei Menschen zusammenführten, sie würden sich in ihrem Alltag unvermeidlich irgendwann mit den drei Themen Geld, Macht und Sex befassen müssen.

Natürlich sind das auch heute noch bis zu einem gewissen Punkt wichtige Themen, wenn eine Beziehung entsteht, aber im einundzwanzigsten Jahrhundert müssen Beziehungen außerdem in den Herzensraum vordringen, in das Herzchakra, wodurch Geist und Seele ebenfalls zu einem Teil der Beziehung werden. Zu einem zentralen und wichtigen Teil.

Geld, Sex und Macht: Wie es einmal war
Eine ernsthafte Liebesbeziehung zwischen Erwachsenen bringt unvermeidlich mit sich, dass die beiden Partner zu einem bestimmten Zeitpunkt zusammenziehen. Das Bedürfnis nach Nähe und Gesellschaft ist ein Grundbedürfnis des Menschen, und so haben Liebesbeziehungen immer zu körperlicher Nähe und einem Zusammenleben geführt und werden es auch künftig tun.

Traditionellerweise kam es zu einem Tauschhandel zwischen den Geschlechtern. Der Mann ging arbeiten, um das Geld zu verdienen, und die Frau führte den Haushalt. Dies ermöglichte es dem Paar, sich ein Zuhause zu erschaffen und sich das leisten und erhalten zu können, was es benötigte. Der Sex zwischen ihnen führte zur Gründung einer Familie. Die Macht stand traditionellerweise dem Mann zu, als Bestandteil einer hierarchischen, patriarchalischen Gesellschaftsform.

Die Veränderungen
Mitte des zwanzigsten Jahrhunderts setzten in den entwickelten Ländern beachtliche soziale Veränderungen ein, mit der Folge, dass diese traditionellen Vorgaben in bezug auf Liebesbeziehungen ihre Bedeutung verloren, auch wenn viele von uns auf unbewusster Ebene heute noch davon beeinflusst sind.

Der Feminismus führte dazu, dass es selbstverständlich wurde, dass Frauen genauso außerhalb des Hauses arbeiteten wie Männer. Eine berufliche Karriere für Frauen und Partnerschaften mit einem doppelten Einkommen sind jetzt die Norm. Das führte zu Problemen mit der traditionellen Struktur von Beziehungen, weil Frauen nun auch Geld verdienen, und manchmal sogar mehr als ihr Mann. Das Machtgleichgewicht hat sich verschoben, und wir entfernen uns von hierarchischen Beziehungsmodellen. Niemand ist sich ganz sicher, wo der Sex in dieser neuen Art von Beziehung eigentlich seinen Platz hat.

Aus diesem Übergang entstand das Wissen, dass es in einer Liebesbeziehung nun um zwei Menschen geht, die sich in ihren Fähigkeiten und ihrer Kraft gleichen und die vorrangig nach Nähe und Partnerschaft suchen, weniger nach einem Austausch auf physischer Ebene.

Der Weg dahin führt in den Herzensraum oder in das Herzchakra als dem maßgeblichen Verankerungspunkt der Beziehung. Hat sich eine Beziehung etabliert, können die anderen Bereiche je nach Bedürfnislage des Paares individuell ausgehandelt werden.

Der Herzensraum und die Gemeinschaft

Der Herzensraum und die Gemeinschaft sind zwei Begriffe, die mir von Erzengel Michael genannt wurden, um diese neue Art von Beziehung zu kennzeichnen.

Bei einer Beziehung geht es jetzt in erster Linie darum, im Herzen zu sein. Das bedeutet, in Kontakt mit seinen GEFÜHLEN zu stehen und fähig zu sein, diese Gefühle auf schöpferische und konstruktive Weise zum AUSDRUCK zu bringen.

Viele Menschen sind der Ansicht, dass das bedeuten würde, sich verbal auszutauschen. Das mag in einigen Fällen zutreffen. Ich habe beobachtet, dass Frauen ihre Gefühle im Allgemeinen besser verbal ausdrücken können als Männer. Wie oft höre ich Frauen darüber klagen, dass sie mit ihren Freundinnen stundenlang über ihre Gefühle reden können, aber eben nicht mit den Männern, die ihnen wichtig sind. Bedeutet das, dass Männer so werden müssen wie Frauen und mehr über ihre Gefühle sprechen sollten? Nun ja, vielleicht!

Ich glaube jedoch, dass es uns allen weitaus dienlicher wäre, wenn wir erkennen würden, dass das Sprechen über Gefühle nicht die einzige Lösung ist. Es ist bloßes Sprechen, und häufig dreht sich ein solches Gespräch im Kreis, selbst wenn es der sprechenden Person hilft, sich besser zu fühlen.

Ein NONVERBALER AUSDRUCK von Gefühlen ist hingegen oft viel bedeutungsvoller als das Sprechen über Gefühle. Vielleicht ist es wichtig, dass Frauen nun auch lernen, ihre Gefühle nonverbal oder über das Herz zum Ausdruck zu bringen, damit sie mit ihrem Partner in Verbindung treten können.

Gemeinschaft

Gemeinschaft ist ein Begriff mit religiösem Bedeutungsfeld und wird mit dem Sakrament von Christi Tod und dem Ritual des Abendmahls in Zusammenhang gebracht. Doch vielleicht meinte Jesus damit auch, dass wir lernen sollen, eine Gemeinschaft zu bilden, indem wir miteinander eins werden.

In der religiösen Gemeinschaft trinkt man den Wein und isst das Brot, das Christi Leib repräsentiert, und wird in diesem Moment eins mit Jesus Christus.

Was wir daraus lernen können, ist, mit anderen auf eine Weise zusammen zu sein, dass wir eins mit ihnen werden. Dass wir sie verstehen, ohne auf Erklärungen und Schilderungen angewiesen zu sein, einfach dadurch, dass wir in dieser Person die Göttliche Essenz sehen und zulassen, dass ihre Essenz mit unserer in Resonanz tritt und wir ihre Gefühle so intensiv spüren, als wären es unsere eigenen, denn in Wahrheit sind es unsere eigenen Gefühle, oder sie spiegeln doch wenigstens unsere eigenen Gefühle.

Wenn wir verstehen, dass die Person, zu der wir aus freien Stücken eine Beziehung aufnehmen, ein Teil von uns ist und dass wir uns selbst in ihr sehen, können wir Mitgefühl und Liebe für uns aufbringen, und dann auch für sie. Aus diesem Zustand der Gemeinschaft und des Verständnisses heraus können wir lernen, eine Beziehung zu führen, in der wir uns ebenso vollkommen annehmen wie den anderen.

Annahme

Es war noch nie wichtiger als heute, sich selbst lieben und annehmen zu können. Erst wenn Sie sich selbst vollkommen annehmen können, sind Sie auch im Stande, die Person anzunehmen, die ihnen den Spiegel hinhält. Wenn Sie sich selbst lieben können, wird es Ihnen möglich sein, auch andere zu lieben und mit ihnen zusammen zu sein.

Annahme bedeutet, mit jemandem in Liebe und Großmut zusammen sein zu können, ohne das Bedürfnis zu haben, ihn zu verändern oder aus ihm einen anderen machen zu wollen, als er ist. So viele Beziehungen scheitern, weil die Menschen das Potenzial im anderen wahrnehmen und sich in dieses Potenzial verlieben. Dieser Verliebtheit folgt meistens Ernüchterung, weil das Potenzial, auf die Weise, wie sie es gerne hätten, möglicherweise nie verwirklicht werden wird.

Kreativität

Mit einer solchen Haltung von Gemeinschaft und Annahme wird die Beziehung vermutlich sehr tief, herzlich und kreativ werden. Es gibt keine Regel dafür, wie die Kreativität sich zum Ausdruck bringen wird, jedes Paar wird eigene und ganz individuelle Wege finden, sich gegenseitig darin zu unterstützen, in die eigene Seelenkraft zu kommen und ihren Reifungsprozess zu erfahren – als Folge ihrer gegenseitigen tiefen Annahme.

Der Wert einer Beziehung, die über den Herzensraum verläuft, besteht darin, dass sich beide Partner ständig ermutigt fühlen, das jeweils Beste von sich zu Tage zu fördern.

Sie werden sich bemühen, zum höchsten Wohl ihrer selbst und der Beziehung zu handeln, aus dieser Haltung der Annahme, des Wohlwollens und der Dankbarkeit heraus, die sie der Person entgegenbringen, die beschlossen hat, mit ihr oder ihm das Leben zu gestalten.

Und von dort aus ...

Ist diese Qualität erst einmal erreicht, kann das betreffende Paar miteinander in Austausch darüber treten, auf welche Weise ihre Beziehung gelebt und gefestigt werden soll, wie es ihr Machtgleichgewicht gestalten will, wie es sexuell miteinander umgehen möchte und welche Rolle das Geld in ihrer gemeinsamen Beziehung spielen wird.

Alle diese Bereiche sind nicht von vornherein festgelegt und können gemeinsam besprochen werden, in gegenseitigem Respekt, voller Fürsorge und Liebe füreinander.

Der Herzensraum wird, solange er offen und am Leben erhalten wird, die Beziehung mit Energie von der seelischen und der geistigen Ebene versorgen und sicherstellen, dass diese Beziehung ein kreativer Ort der beiderseitigen Entwicklung und gegenseitigen Liebe bleibt.

**Über das Aufsuchen der Authentizität:
Das Öffnen des Herzensraumes**

Die Erde ist auf ihrem Weg der Evolution und des Aufstiegs gegenwärtig wieder einmal dabei, eine Erhöhung in ihrem Schwingungsfeld zu erfahren. Uns Menschen auf der Erde bietet das erneut Gelegenheit, auch in unserer persönlichen Entwicklung weiterzukommen. Erzengel Michael bringt uns die folgenden Informationen über Authentizität und das Öffnen des Herzensraumes, um uns dabei zu unterstützen. Wir Menschen sind nämlich gerade im Begriff, uns mit unseren neuen Energiekörpern vollkommen zu verbinden und zu Geschöpfen zu werden, die sich von ihrem Herzen leiten lassen.

**Der Weg zur Liebe: Den Verstand/Ego-Komplex
ausschalten und dem Herz wieder zuhören**

Um zu ermöglichen, dass Euer wahres Wesen zum Vorschein kommen und sich Eure wahre Natur als ein Geschöpf voller Liebe und Schöpferkraft offenbaren kann, ist es wichtig, dass Ihr das aufgebt, was gegen Eure Selbstverwirklichung arbeitet.

Das ist der Teil von Euch, der an Angst, Not und Mangel glaubt, an Verlassenheit, Ablehnung und Schmerz.

Dieser Teil von Euch ist der rationale Verstand und der damit verbundene Persönlichkeitskomplex, das Ego. Euer rationaler Verstand hat das Bedürfnis, immer tätig zu sein, und wiederholt deshalb für Euch ständig die angsterzeugenden Geschichten all der anderen Verstandesmenschen um Euch herum, sei es im Fernsehen, im Radio, im Internet oder in den Zeitungen ... solange, bis Ihr den Verstand ausschaltet und damit beginnt, Eurem HERZ zuzuhören. Euer Herz wird Euch Gefühle der Liebe übermitteln, des Friedens, der Gelassenheit, des Mitgefühls und der Annahme.

Es ist nun an der Zeit, sich mit dieser Botschaft zu verbinden. Sagt Eurem Verstand, dass er erschaffen wurde, um Euch bei Eurer Selbstverwirklichung auf der Erde zu unterstützen, nicht, sie zu steuern. Euer Verstand ist wie ein verängstigtes Kind, Euer Herz wie ein weiser und liebevoller Erwachsener. Euer Herz spricht die Wahrheit Eurer Seele aus. Es ist weitaus besser, der Stimme Eures Herzens und Eurer Seele zu folgen, die vom Heiligen Geist erfüllt ist und in Liebe geführt wird.

Die eigenen Gefühle authentisch leben

Wenn Ihr den Verstand ausschaltet und auf Euer Herz hört, werdet Ihr anfangen, mehr zu FÜHLEN als zu DENKEN. Sicher stellt Ihr Euch jetzt vor, wie wundervoll das sein wird, und das sollte es auch. Doch die meisten von Euch haben Ihre Gefühle seit ihrer Kindheit unterdrückt. Eure Eltern, Eure Lehrer und die Gesellschaft im Allgemeinen haben Euch vorgeschrieben, was Ihr denken und wie Ihr fühlen sollt, und so habt Ihr die Stimme Eurer echten Gefühle, die Stimme Eures Herzens, ausgeschaltet und Eure wahren Gefühle unterdrückt und verleugnet. Ihr hattet den Eindruck, dass Eure Wahrheit irgendwie nicht so recht zutrifft oder von denen um Euch herum nicht akzeptiert wird.

Als Erwachsene entwickelten viele von Euch irgendeine Art von Sucht: Drogen, Alkohol, Nikotin, Essen, Fernsehen, Arbeit, Sex oder sogar Religion. Lauter Versuche, echte Gefühle zu vermeiden und lieber vor der Wirklichkeit zu fliehen und die fertigen Lösungen anderer Menschen auf das eigene Leben zu übertragen.

Wenn Ihr jetzt die Stimme Eures Herzens wieder einschaltet, seht Ihr Euch möglicherweise schmerzhaften Gefühlen gegenüber, die Ihr viele Jahre lang unterdrückt hattet. Viele von Euch empfinden möglicherweise anhaltende Trauer und Depression und versuchen vergebens, herauszufinden, warum das so ist. Es sind echte Gefühle, lehnt sie nicht ab und verurteilt Euch nicht dafür. Bemüht Euch lieber, zu verstehen, warum Eure Seele Euch darum bittet, diese sehr alten Gefühle anzuerkennen, die etwas damit zu tun haben, dass Ihr damals Eure echten Gefühle unterdrücken musstet, und klärt sie für Euch auf.

Der Prozess der Klärung geschieht durch *Vergebung* und dadurch, dass Ihr Euch erlaubt, in Eurem Leben wieder *verletzlich* und *sanft* zu sein. Vergebung wird sich einstellen, wenn Ihr zulasst, dass Ihr wieder *mitfühlend* werdet, denn dann versteht Ihr, dass Euch allen bei Eurer Erziehung damals beigebracht wurde, die Stimme des Herzens auszuschalten und als Methode des Überlebens dem Verstand zu folgen.

Diejenigen, die Euch das beibrachten, dachten, sie täten das Beste für Euch, indem sie Euch helfen, vernünftig und rational zu sein. Ihr braucht also nicht an Ärger oder Groll wegen vergangener Situationen festzuhalten, während Ihr Euch in Eure neu gewonnene Kraft und Freiheit begebt, um zu sein, wer Ihr wirklich seid.

**Über Verletzlichkeit und Sanftmut:
Die Wirklichkeit spüren**

Ihr wurdet dazu erzogen, zu glauben, dass Ihr stark sein müsstet, um überleben zu können und um Liebe und Annahme zu erfahren. Deshalb habt Ihr gelernt, jegliche Gefühle zu unterdrücken, die Eurem Verständnis nach Schwäche zum Ausdruck bringen.

Kino und Seifenopern im Fernsehen haben Euch beigebracht, dass Liebe das Herz bricht, dass Liebende zurückgewiesen und verlassen werden, und wenn Ihr nun so etwas erlebt oder Euch auch nur vorstellt, verschließt Ihr Euer Herz und nährt Euren Ärger und

Schmerz. Aber die wahre Stimme der *bedingungslosen Liebe* und *Annahme* in Eurem Herzen sagt Euch, dass diese Geschichten vom Verstand erdachte Illusionen sind und Ihr nur in Euer wahres Wesen zu kommen braucht, um die allumfassende Liebe zu erfahren, die Euch jederzeit unterstützt und umgibt.

Damit Ihr in diesen Herzensraum eintreten könnt, müsst Ihr jedoch bereit sein, Euch wieder verletzlich zu machen. Ihr müsst bereit sein, anderen zu zeigen, wer Ihr wirklich seid, und darauf zu vertrauen, dass sie Euch annehmen werden.

Selbst wenn dieses Annehmen ausbleibt, wird Euer authentisches und integres Handeln in Eurer Psyche eine immense Kraft freisetzen. Es wird Euch ermöglichen, Eure Wirklichkeit wahrhaft zu *spüren* und aus Eurer Seelenkraft heraus zu handeln, statt in einer Opferrolle zu leben.

Aus dieser Verletzlichkeit entsteht Sanftmut, ein tiefes Gefühl der Annahme und des Mitgefühls, ein Verständnis für die eigene Verletzlichkeit und die anderer Menschen, was Güte, Freundlichkeit und Fürsorge hervorbringt, unabhängig von den äußeren Umständen. Aus der Sanftmut wiederum wird wahres Verständnis dafür entstehen, dass im Zentrum aller Dinge die Erfahrung von Liebe steht und dass jede Erfahrung ein Geschenk der Liebe ist und als solche gelebt werden kann, frei von Ärger und Schmerz.

Sanftmut und Verletzlichkeit bilden die Brücken von einem Herzen zum anderen und erschaffen Raum für ein *Miteinander und gemeinsames Wachstum*.

Die Brücke zu globalem Mitgefühl

Wenn Ihr erst einmal gelernt habt, durch Authentizität und Annahme Eure Gefühle zu meistern, werdet Ihr gebeten, Euch zur nächsten Ebene weiterzuentwickeln. Dort werdet Ihr die unterdrückten Gefühle und die Trauer des *kollektiven Bewusstseins des Planeten* wahrnehmen.

Viele Lichtarbeiter und Kristallwesen bieten sich dem Kollektiv derzeit als Kanal an, um dem Planeten zu helfen, diese Emotionen loslassen zu können. Und wenn jeder Lichtarbeiter in den Raum seines Herzens eintritt und aus echten, seelenvollen Gefühlen heraus zu handeln beginnt, dann erinnern sich die Menschen auch wieder daran, wie man liebt.

Ihr werdet aufhören, Euer Leben so zu leben, wie Ihr es jetzt tut, als ein aberwitziges Abstrampeln nach mehr Geld, Anerkennung und Besitz. Ihr werdet den Wert des Lebens wieder erkennen, Eurer Mitmenschen, der Tiere, Pflanzen und des Planeten selbst.

Ihr werdet wieder verstehen, wie kostbar all diese Lebewesen sind, weil Ihr wieder fähig sein werdet, zu erkennen, wie kostbar Ihr selbst seid.

Wenn Ihr erst aufhört, Euren Wert daran zu bemessen, was Ihr im Leben erreicht habt und was Ihr Euch kaufen und leisten könnt, so werdet Ihr verstehen, dass Ihr ein Vehikel für die liebevollen, schöpferischen und freigiebigen Energien Eurer Seele und Eures Geistes seid. Ihr werdet wieder anfangen zu lieben, zu tanzen und zu singen – wahrhaft LEBENDIG zu sein.

Dann werdet Ihr Euer Erbe als Göttlicher Geist in einem menschlichen Körper, als menschlicher Engel, vollends antreten.

Der heilige Tanz: Über neue Wege zur Gestaltung heiliger und liebevoller Beziehungen im 21. Jahrhundert

Einer der Bereiche, auf die sich das Eintreffen der Kristallenergie und der Wechsel zu einem multidimensionalen Leben am stärksten auswirkt, sind intime Beziehungen und Romanzen.

Eine Menge Menschen erleiden gerade viel Schmerz und Liebeskummer, weil langjährige Partnerschaften auseinandergehen. Oder sie stellen fest, dass sie allein und ohne Partner sind, obwohl sie sich aufrichtig nach einer Liebesbeziehung sehnen. Oder sie haben eine Reihe kurzer Beziehungen hinter sich gebracht, aus denen einfach nichts geworden ist, und nun haben sie aufgegeben, und das interessiert sie alles nicht mehr.

Was geschieht gerade?

Warum ist der Bereich Beziehungen im Augenblick für so viele Menschen derart schwierig? Bräuchten wir in dieser Übergangszeit gute Beziehungen nicht am dringendsten? Ja, wir brauchen Beziehungen, und wir erhalten auch die Unterstützung, die wir brauchen, selbst wenn es sich manchmal nicht danach anfühlt.

Beziehungen sind einer der Schlüsselbereiche, in denen sich die Welle der Veränderungen am intensivsten bemerkbar macht. Vielleicht liegt es daran, dass das Bedürfnis nach Liebe, Annahme und Beziehung ein so starkes menschliches Bedürfnis ist. Es wurde zu einem Bereich, in dem alte Energien losgelassen werden müssen, damit neue Strukturen auch Gestalt annehmen können.

Die Indigokinder waren in ihrer Rolle als *Durchbrecher alter Systeme* sehr förderlich, um all diese Veränderungen anzustoßen. Die Kristallkinder werden uns nun dabei helfen, *neue Wege* zu finden, wie wir Beziehungen eingehen und aufbauen können.

Durch den Weckruf der Indigokinder haben wir uns von einer Gesellschaft, für die nur monogame, heterogen männlich-weibliche und eheliche Liebesbeziehungen akzeptabel waren, zu einer Gesellschaft entwickelt, die eher bereit ist, verschiedene Arten von Liebesbeziehungen zu akzeptieren.

Ausschlaggebend ist jetzt der Wunsch nach dem Aufbau einer tragenden Beziehung, weniger das Geschlecht oder die soziale Herkunft oder die Rasse der Partner. Dies kommt einer Revolution gleich, die uns ein ganz neues Verständnis davon schenkt, was Beziehungen eigentlich sind, was der Sinn einer Beziehung ist und wie wir unsere Beziehung führen können.

Alte Wege, Beziehungen einzugehen:
Über Beziehungsformen, Archetypen und Karma

Im alten, dreidimensionalen Bewusstsein beruhten romantische Beziehungen häufig auf körperlicher Anziehung oder Magnetismus. Die treibende Kraft erklärte man sich durch Chemie, Liebe auf den ersten Blick und viele andere romantische Vorstellungen, die uns in zahllosen Filmen und Romanen nähergebracht wurden. Dabei ging es vor allem darum, ob man auch gut aussah. Dies wurde von ganzen Industriezweigen unterstützt, die dafür Sorge zu tragen versuchten, dass die Menschen jugendlich, schlank und sexuell attraktiv blieben, um auf jeden Fall sicherzustellen, dass sie auch einen passenden Partner fanden. So habe die Natur es eingerichtet, argumentierte man: Die bestaussehendsten Menschen würden leicht einen Partner finden, um ihre Gene weiterzugeben.

Nun, vielleicht ist es ja so. Doch bei menschlichen Beziehungen geht es nicht bloß um die Vererbung der Gene. Eigentlich besteht daran gar kein Bedarf mehr. Es gibt ausreichend viele Menschen auf dem Planeten, dass wir getrost darüber nachdenken können, ob Liebesbeziehungen vielleicht noch eine andere Bedeutung haben als Sexualität und die Weitergabe von Genen.

Und doch, auch wenn heute zwei Menschen eine Ehe eingehen, sind die archetypischen Energien oft so stark, dass die beiden in vorbestimmte Rollen geradezu hineingedrängt werden. Viele Menschen, die sich geschworen haben, nie eine solche Ehe wie ihre Eltern zu führen, machen genau das. Weshalb? Weil trotz aller guten Absichten eine archetypische Kraft hinter dem Bund der Ehe steht, die sich über Tausende von Jahren aufbaute und die Tendenz hat, die Wirklichkeit zu übernehmen und zu gestalten.

So fallen Männer und Frauen wieder in die althergebrachten Rollen des Ernährers und der Kinderhüterin zurück, oder sie verwickeln sich in Machtspiele, um herauszufinden, wer das Sagen hat und wer sich unterwirft. Oder sie spielen irgendwelche »Opfer-Täter-Retter«-Dramen. Meistens folgen sie dabei genau den Mustern, die ihre Eltern ihnen einst vorgelebt haben.

Solche Muster werden schon in der Kindheit erlernt, wenn das Kind seinen Eltern bei ihrem Tanz der Beziehung zusieht und unbewusst alle Details für den künftigen Gebrauch speichert. Aus metaphysischer Sicht nennen wir dies das »Drama des inneren Kindes«, und es enthält alle ungelösten Fragen der familiären Erfahrung beider Partner und wahrscheinlich auch vieler familiärer Erfahrungen früherer Leben, in denen die Seele auch schon die anderen Rollen innerhalb des aktuellen Familiendramas gespielt hat.

Wir haben gelernt, uns diese Abfolge der Seelenrollen durch Karma zu erklären, und wir reden uns ein, dass wir durch diese Erfahrungen hindurch müssen, um zu lernen.

Der Partner in der Beziehung wird als Spiegel unserer Themen betrachtet, und wir arbeiten sorgfältig daran, alles umzusetzen, was wir zu lernen haben. Möglicherweise, so glauben wir, haben wir sogar unsere Reinkarnation sorgfältig geplant, um diesen Lernprozess gezielt fortzusetzen.

Aber eines der Dinge, die uns die Indigo- und Kristallmenschen gerne beibringen möchten, ist ja gerade, dass Karma ein überholtes Konzept ist. *Karma ist beendet, fertig, aus, vorbei!*

Das bedeutet nicht, dass sie jetzt den Abschluss an der Karmaschule gemacht haben und ein weiserer Mensch geworden sind. Es bedeutet vielleicht einfach nur, dass es so etwas wie eine Karmaschule niemals gegeben hat.

Das war nur ein weiteres Konzept, mit dem die Menschen sich zu erklären versucht haben, warum all die gesellschaftlichen Systeme, die ihr Leben bestimmten, einschließlich des Systems, das man Ehe nennt, ihnen mit der Zeit unbequem wurden, sie aber dennoch weiter darauf beharrten, dass man eben tüchtig daran arbeiten und es durchstehen müsse.

Wenn wir nun in den Kristallzustand eintreten, beginnen wir zu verstehen, dass es bei Liebesbeziehungen um eine kreative Partnerschaft geht. Es geht um eine Verbindung zwischen zwei Seelen, darum, sich selbst zu erfahren und sich selbst im anderen zu erfahren, und es geht darum, gemeinsam eine Wirklichkeit zu erschaffen. Eine Liebesbeziehung ist kein Gefängnis und war auch nie als solches gedacht. Es geht darin um das Seelenleben, um die Fähigkeit, das gesamte Spektrum an Gefühlen miteinander zu teilen und sich darüber miteinander auszutauschen.

Sicher kann das auch in einer Liebesbeziehung geschehen, die sich zur Elternschaft und Familie entwickelt, doch gibt es noch viele andere Möglichkeiten, tiefe Erfahrungen miteinander zu machen und sie zu genießen.

Kennzeichen multidimensionaler Liebesbeziehungen

Die neue Art von Liebesbeziehung hat keine äußerlich festgelegte Form. Sie wird aufgrund anderer Kriterien und Bedürfnisse eingegangen und auf andere Weise gelebt werden als eine Liebesbeziehung vergangener Zeiten.

Wenn uns der Kristallzustand erst vertrauter ist, werden wir uns an diese neue Art von Liebesbeziehung bald gewöhnen.

- *Die Resonanz auf Seelenebene ist wichtiger als die körperliche Anziehung.*

Die Menschen werden sich künftig eher auf der multidimensionalen oder Seelenebene zueinander hingezogen fühlen als auf der körperlichen Ebene. Das Körperliche wird immer noch Teil einer Kristallbeziehung sein, aber es wird nicht mehr das Hauptaugenmerk darauf liegen.

Mehr und mehr Menschen suchen nach einem Seelenpartner. Welche Vorstellungen wir auch immer darüber hegen, ob es Seelenpartner nun gibt oder nicht, anscheinend tragen die meisten Menschen die tiefe Sehnsucht in sich, mit einer zu ihnen passenden Seele energetisch zu verschmelzen. Und es ist die Seelenebene, auf der die Menschen nach Resonanz und Übereinstimmung suchen. Das bedeutet nicht, dass die Partner immer in jeder Hinsicht einer Meinung sein werden. Wären sie es, würde die Beziehung aller Wahrscheinlichkeit nach gar nicht funktionieren. Vielmehr wird es ein gesundes Gleichgewicht aus Einvernehmen und Widerspruch geben.

Kristallmenschen handeln aus dem Herzen heraus, und sie werden es ihrem Partner erlauben, genau so zu sein, wie er oder sie ist. Sie werden kein Bedürfnis danach haben, die andere Person zu verändern oder zu verbessern oder sie zu retten oder zu verhätscheln. Sie werden das Abenteuer ihrer persönlichen Entwicklung und Selbsterkenntnis mit ihrem Partner teilen und ihn unterstützen, und genau das gleiche auch von ihm erwarten.

In der Beziehung wird eine Zuwendung und eine Freiheit herrschen, die es beiden Partnern ermöglicht, sich innerhalb der Beziehung zu ihrem vollen persönlichen Potenzial zu entwickeln und entsprechend zu erblühen.

- *Die Partnerschaft ist global.*

Dieses Phänomen habe ich in den letzten Jahren besonders bei Indigomenschen beobachtet, die Ende Zwanzig oder Anfang Dreißig sind. Ihre Liebesbeziehungen umspannen den gesamten Globus. Durch den einfachen Zugang, den wir zum Internet und zum Flugverkehr bekommen haben, sind wir zu Weltbürgern geworden.

Wir können nun mit Flugzeugen von Kontinent zu Kontinent fliegen, so wie wir früher mit Bussen in der Stadt umhergefahren sind. Wir können E-Mails versenden, die innerhalb von Minuten oder Stunden beantwortet werden, statt einander Briefe zu schreiben, die wochenlang unterwegs sind.

Wir sind in der Lage, über den gesamten Planeten hinweg zueinander in Beziehung zu treten.

Wie alle Kristallmenschen wissen, erschafft jede liebevolle Energie, die zum Beispiel in einer E-Mail um den Globus geschickt wird, ein energetisches Netz der Liebe und Freude rund um den Planeten, das auf lange Sicht nur positive Auswirkungen haben kann.

Es wird ziemlich normal für Menschen, einen Seelenpartner in einem anderen Land oder Kontinent zu finden. Ein anderer zauberhafter Aspekt des Internets besteht darin, dass man damit Gefühle genauso übermitteln kann wie Ideen und Konzepte.

Noch einmal: Alle Kristallmenschen wissen, dass sie auch Herzensenergien über das Internet weiterleiten können. Das Internet ist ein Nervensystem für den Planeten, das Nachrichten als Lichtimpulse durch Mikrochips aus Silikon und Kristall sendet. Es erleichtert uns somit, weltweit nach anderen Ausschau zu halten, mit denen wir auf Seelenebene in Beziehung treten können.

- *In der Partnerschaft herrschen Gleichberechtigung und Ausgewogenheit.*

Bei multidimensionalen Liebesbeziehungen ist es von großer Bedeutung, dass zwischen den Partnern Ausgewogenheit herrscht. Es braucht eine völlige Gleichberechtigung in der Beziehung. Althergebrachte Beziehungsmuster wie Dominanz, Kontrolle und Abhängigkeit müssen aufgelöst werden.

Kontrolliert oder beherrscht einer der Partner den anderen, wird eine Unausgewogenheit entstehen, welche die Beziehung allmählich zugrunde richtet. Das führt zu Ärger, der keine Möglichkeit hat, sich Ausdruck zu verleihen, da beide davon ausgehen, dass Kontrolle das Muster für die Beziehung ist.

In einer Kristallbeziehung achten beide Partner bewusst darauf, dass sie den anderen nicht aus seiner Kraft bringen. Vielmehr suchen sie nach Wegen, um sich selbst und ihren Partner auf positive Weise wieder in die eigene Kraft zu bringen.

Dominiert keiner der Partner den anderen und darf jeder so sein, wie er ist, besteht auch kein Grund für die Sucht nach gegenseitiger Bestätigung, die so oft ein Teil der alten Beziehung war, in der ein Partner ständig um die Anerkennung des anderen bemüht war. Es gibt keine emotionale Bedürftigkeit oder Angst mehr, nur noch Annahme und Liebe.

Endet die Liebesbeziehung, muss die Bereitschaft bestehen, den anderen gehen zu lassen und nicht an dieser speziellen Beziehung festzuhalten. Auch Beziehungen mit einer Resonanz auf der Seelenebene können enden, wenn sich die Partner unterschiedlich schnell entwickeln oder für sich das Bedürfnis haben, in eine andere Richtung zu gehen und auf andere Art und Weise herauszufinden, wer sie sind. Am besten ist es dann, sich selbst und dem Partner zu erlauben, neue und andere Energien aufzunehmen, die Trauer darüber zuzulassen, dass etwas zu Ende geht, aber auch die Vorfreude darauf, dass etwas Neues beginnt. Selbst wenn das vorübergehend eine Zeit des Alleinseins bedeutet, in der wir uns an die neue Person gewöhnen, zu der wir werden.

- *Das gesamte Spektrum an Gefühlen wird in der Beziehung erlaubt.*

Dies wird für uns möglicherweise einer der schwierigsten Bereiche bei künftigen Liebesbeziehungen sein.

So viele von uns glauben, dass eine gute Beziehung sich dadurch auszeichnet, dass wir immer positiv, glücklich und froh gestimmt sind und die andere Person uns immer ein gutes Gefühl in Bezug auf uns selbst vermittelt.

Doch im multidimensionalen Zustand geht es bei Liebesbeziehungen um Selbsterkenntnis und Entfaltung. Vielleicht ist es wichtig für Ihre weitere Entwicklung, dass Ihr Partner Sie in gewisser Hinsicht fordert, oder es ist wichtig, dass Sie ihn oder sie fordern. Zu dieser Herausforderung mag gehören, dass Sie Ihren Ärger oder Ihre Frustration offen zeigen und es Ihrem Partner erlauben, diese Gefühle ebenfalls zu empfinden, ohne sich bedroht zu fühlen oder gleich zu befürchten, dass die Beziehung auf dem Spiel steht.

Multidimensionale Beziehungen werden immer das gesamte Spektrum der Gefühle zulassen, nicht nur die positiven.

Die Herausforderung besteht darin, auch die dunkleren Energien zuzulassen und auf kreative und mitfühlende Weise mit ihnen umzugehen. Wird angemessen mit ihnen umgegangen, helfen sie uns zu wachsen und noch tiefer zu erfahren, wer und was wir in dieser speziellen Beziehung eigentlich sind. Auch hier ist wieder Ausgewogenheit von großer Bedeutung. Zu viel Negativität, und die Beziehung wird in den negativen Bereich schwingen und zerstörerisch und brutal werden.

Zu viel Positivität, und es fehlt die kreative Spannung, die unser persönliches Wachstum ermöglicht, und dann stagniert die Beziehung vielleicht.

- *Kommunikation und gemeinsames Erschaffen bilden das Herzstück der Beziehung.*

Bei den neuen, multidimensionalen Liebesbeziehungen sollten wir immer bedenken, dass sie im Wesentlichen ein Abenteuer der Selbsterkundung sind. Wir entdecken uns darin selbst durch die Beziehung mit einem anderen Menschen und die Art und Weise, wie wir die Beziehung gestalten. Es gibt hierbei zwei Schlüsselelemente, die ständig präsent sein müssen.

Der erste Schlüssel ist die KOMMUNIKATION auf dem Wege, der für die Partner am besten funktioniert.

In einer multidimensionalen Beziehung gibt es viele Möglichkeiten, miteinander zu kommunizieren, vom Gespräch bis zur Telepathie, und sie können allesamt erforscht werden, auf spielerische und kreative Weise. Und wenn zwei Menschen immer miteinander kommunizieren, finden sie auch Mittel und Wege, sich Ausdruck zu verschaffen und sich durch das, was sie zum Ausdruck bringen, selbst besser zu verstehen.

Der zweite Schlüssel ist das GEMEINSAME ERSCHAFFEN in der Beziehung. Es wird einen tieferen Grund für die Partnerschaft geben. Die Partner werden gemeinsam etwas erschaffen, selbst wenn es »nur« das persönliche, spirituelle Wachstum ist.

Damit eine multidimensionale Beziehung zum Erblühen kommt, muss es einen Bereich geben, in dem all die wunderschöne, hochschwingende, schöpferisch aktive Energie auf der physischen Ebene zum Ausdruck gelangt. Vielleicht verleiht die schöpferische Kommunikation, die zwischen den Partnern stattfindet, ihnen erst die Kraft, eigene, kreative Projekte anzugehen.

Die schöpferische Kraft, die in der Beziehung steckt, darf nicht in gegenseitiger Abhängigkeit versanden, sondern muss so genutzt werden, dass jeder Partner die Kraft für individuelle Projekte und Aufgaben erhält.

Der heilige Tanz:
Beziehungen aus metaphysischer Sicht

Es gibt viele alte Schöpfungsmythen und Legenden, die berichten, dass die ursprüngliche Göttliche Kraft aus ihrer Essenz zunächst zwei Wesen erschuf. Diese zwei Wesen fuhren dann ihrerseits fort, *Alles Was Ist* zu erschaffen. So lauten die drei grundlegenden spirituellen Prinzipien hinter der Schöpfung Einheit (die Einheit von allem, was ist), Dualität (das Eine, das sich durch die Spannung von Gegensätzen selbst ergründet) und Vielfalt (die immerwährende Wiederholung des grundlegenden Tanzes der Schöpfung bis hin zur Erschaffung komplexer und wundervoller Lebensformen).

Beziehungen erlauben es uns, diesen ursprünglichen Tanz der *zwei*, die in Wahrheit *eins* sind, wiederzuentdecken. Die Bewegung geht dabei immer zur Entdeckung von Harmonie und Einheit und anschließend zu der Entdeckung, dass es auch Disharmonie und Dualität gibt, weil die zwei nun einzigartige individuelle Wesen sind. Der Schlüssel zu diesem Tanz besteht darin, von der Einheit in die Dualität und wieder zurück in die Einheit zu fließen und dabei das Gleichgewicht zu halten.

Es gibt auch viele alte Mythen, die davon künden, dass die ursprünglichen Gottheiten durch die Himmel tanzten und in Folge ihres Tanzes die Schöpfung entstand. Der Mythos, der einem hier sofort in den Sinn kommt, ist der von Shiva und Shakti, deren Vereinigung und Tanz die Vereinigung heiliger männlicher mit den heiligen weiblichen Energien im immerwährenden Tanz der Schöpfung symbolisiert.

Bei unseren Beziehungen, die wir im neuen, multidimensionalen Bewusstsein leben und gestalten, müssen wir die einzelnen Schritte im heiligen Tanz von Shiva und Shakti kennen, wenn wir sie in unserem eigenen Leben nachvollziehen wollen.

Der Tanz besteht aus drei grundlegenden Schritten oder Bewegungsabfolgen:

- *Die erste Bewegungsabfolge geht immer in Richtung Harmonie und Einheit.*

Zwei Menschen fühlen sich zueinander hingezogen und möchten herausfinden, in welchen Bereichen sie sich ähneln. Das ist die Bewegungsabfolge hin zur Göttlichen Kraft oder die Bewegungsabfolge der zwei, die nach der ursprünglichen Einheit suchen.

Weil diese Bewegungsabfolge auf die Göttlichkeit zuführt, ist diese Phase einer Beziehung immer ekstatisch und beseelt und aufbauend, denn die beiden spüren den Fluss des Lichts und der Energie zwischen sich. Sie entdecken einander und stellen fest, dass der andere in diesem Abschnitt des heiligen Tanzes die besten Anteile von einem selbst widerspiegelt.

- *Die zweite Bewegungsabfolge geht immer weg von der Einheit und hin zur Trennung.*

Das Eine wird zu Zweien, die voneinander getrennt und für sich einzigartig sind. In dieser Phase des Beziehungstanzes finden die beiden heraus, wodurch sie sich voneinander unterscheiden. Da die Beziehung in diesem Stadium von der göttlichen Quelle *weg* in Richtung Trennung und Dualität geht, entstehen dabei oftmals Ärger und Angst und das Bedürfnis, Kontrolle auszuüben, um die Wesensgleichheit zu bewahren.

Das kommt daher, dass wir in unserer spirituellen Kultur vor der Dualität Angst bekommen haben. Wir betrachten sie als etwas Schlechtes und streben nach dem Einheitsbewusstsein, *wollen die Dualität überwinden.* Doch wir können die Dualität niemals überwinden, weil wir eine gesonderte und einzigartige Identität besitzen. Selbst in unserem höchsten Bewusstseinszustand werden wir immer noch an diesem Tanz teilnehmen, bei dem die Energien zwischen Einheit und Dualität wechseln.

Ein hoher Bewusstseinszustand bedeutet, dass wir uns dieses Tanzes bewusst sind – und dass wir fähig sind, einfach loszulassen und den Tanz in dem Wissen zu genießen, dass der Fluss uns immer zwischen den beiden Zuständen des Seins, der Einheit und der Dualität, hin und her bewegen wird.

Für eine Beziehung heißt das, dass wir auf Zeiten vorbereitet sein müssen, in denen wir Auseinandersetzungen und Dissonanzen erleben. Diese mögen von Ärger, Frustration und anderen negativen Energien begleitet sein.

Der Umgang mit diesen Energien sollte voller Feingefühl und in dem Wissen erfolgen, dass sie sich nicht zerstörerisch auswirken, solange wir behutsam mit ihnen umgehen. Das nennen wir die *Schattenseite* der Beziehung. Sie wird es immer geben. Die Qualität einer Beziehung wird sich daran bemessen, wie diese Seite integriert wird.

Wenn beide Partner oder Tänzer wissen, wie mit dem Tanz von Ärger und Negativität umzugehen ist, muss daraus nicht gleich ein großes Ungleichgewicht entstehen, das den Beziehungstanz unterbricht oder gar völlig beendet.

Ich habe immer wieder festgestellt, dass der Schlüssel darin besteht, zu erlauben, dass Ärger und Negativität sich Ausdruck verschaffen und aufgelöst werden können, ohne dass es persönlich genommen wird oder dass beim Partner das Bedürfnis entsteht, sich auf eine eher destruktive Weise zu verteidigen, selbst wenn der Ärger auf beiden Seiten gleich stark ist. Das führt einfach nur in eine Spirale aus negativer Energie, deren Kraft die Tänzer davon abhält, zur nächsten Bewegungsabfolge überzugehen.

- *Die dritte Bewegungsabfolge führt immer zurück in die Einheit und Harmonie.*

Die Zwei entdecken wieder, trotz ihrer voneinander getrennt verlaufenden Bewegungen, dass sie in Wahrheit Eins sind. Sie entdecken *einander* und ihre *Verbundenheit* neu, weil sie in der vorherigen Phase mehr über sich und den anderen herausgefunden haben, und sind jetzt dabei, sich wieder zu vereinigen, nur diesmal auf einer höheren Spiralbahn der persönlichen Weiterentwicklung und des Bewusstseins. Haben sie diese Lernerfahrung wirklich verstanden, wird es nicht erforderlich sein, die alten Streitigkeiten wieder aufzurollen, denn auf diese Weise entstehen nur destruktive Muster innerhalb der Beziehung. Begabte Tänzer wissen vielmehr, dass sie die Vergangenheit loslassen müssen, um miteinander zu neuen Ebenen des kosmischen Tanzes aufsteigen zu können und dabei die Beziehung in einer fortlaufenden Bewegung der gemeinsamen Weiterentwicklung zu halten.

**Über neue Beziehungsmuster der Sexualität:
Eine Vorbereitung auf das Leben auf der neuen Erde**
Zum Abschluss dieses Themas nun das Material, das ich dazu von den Hathoren empfangen habe, einer aufgestiegenen Rasse liebevoller weiblicher Wesen. Sie wirkten auf die ägyptische Kultur der Antike als Hathor ein, die Göttin der Liebe und Schönheit.

Ihre Botschaft befasst sich mit Möglichkeiten, wie wir zulassen können, dass Schönheit und Ausgewogenheit wieder in unser Sexualleben Einzug halten:

Liebste Familie,
wir nennen Euch so, weil Ihr uns in Eurem Prozess des Bewusstseinsaufstiegs immer näher kommt und uns ähnlicher und ähnlicher werdet. Erst ein einziges Mal waren wir Euch so nahe, als wir mit Euch im alten Ägypten arbeiteten. Damals wie heute handelten unsere Lehren von Schönheit, Liebe und Seelenkraft. Kosmische Sängerinnen und Tänzerinnen sind wir, und wir kommen zu Euch, um Euch zu lehren, wie Ihr Eure sexuelle Energie auf eine Weise kanalisieren und zum Ausdruck bringen könnt, die schön und kreativ ist und Euch zum gegenwärtigen Zeitpunkt Eurer Entwicklung eher entspricht.

Wir möchten, dass Ihr versteht, dass Ihr Wesen voller Schöpferkraft seid und dass Eure sexuelle Energie ein wesentlicher Teil dieser Schöpfungskraft ist. Der Venus-Transit im Jahr 2004 hat das Thema Sexualität in Eurem Leben noch präsenter werden lassen als zuvor. Es ist nun an der Zeit, alte Muster aufzugeben, die sich noch im kollektiven Bewusstsein befinden, und sie durch neue Muster zu ersetzen, die Eurem derzeitigen Stand der Entwicklung angemessener sind. Darüber möchten wir jetzt zu Euch sprechen.

Das historisch gewachsene Ungleichgewicht
Seit vielen tausend Jahren befindet sich Eure sexuelle Energie nun schon aus kulturellen Gründen im Ungleichgewicht. Erst lebtet Ihr in einer Gesellschaft, in der die Frauen dominierten, in einem Matriarchat. Dann, und das ist noch gar nicht so lange her, wechseltet Ihr zu einer Gesellschaft, in der die Männer dominieren, in ein Patriarchat. Beide Formen kulturellen Zusammenlebens beruhen auf Macht, der Macht, die eine Gruppe über eine andere hat, durch das Geschlecht definiert.

Und so gibt es in Eurem genetischen Gedächtnis und der Akasha-Chronik viele Geschichten von Vorherrschaft und Kontrolle und ungesunde oder unausgewogene Muster von Missbrauch und der Schaffung von Opfern.

Seit der letzten Phase der kulturellen Entwicklung, dem Patriarchat, haben die Männer die Macht und beherrschen die Frauen und Kinder. Dies hat zur Entwicklung von Kulturen geführt, in denen die Männer die absolute Kontrolle über das Leben von Frauen und Kindern besitzen, wie im Mittleren Osten. In den entwickelteren Ländern ist die Kontrolle subtiler und weniger offensichtlich. Doch selbst in diesen Gesellschaften finden sich Probleme wie Pornographie und der sexuelle Missbrauch von Frauen und Kindern. In einigen Fällen werden sogar Babys vergewaltigt und Kinder in bitteren Machtspielen sexuell gequält.

In der westlichen Welt liegen diese Machtmuster über andere und die Archetypen des Missbrauchenden und des Opfers tief im kollektiven Bewusstsein vergraben und sind dort leider mit Liebe und Spiritualität verknüpft. Wie kann das sein? Ihr fragt Euch möglicherweise, was denn sexueller Missbrauch bitteschön mit Spiritualität und Liebe zu tun haben soll?

Nun, wenn Ihr einige hundert Jahre zurückblickt, stoßt Ihr auf eine Zeit in der christlichen Welt, in der männliche Priester und Geistliche sogenannte Hexen verfolgten und folterten, die oft als Heilerinnen und Lehrerinnen den vermeintlich heidnischen oder Wikka-Religionen angehörten. Diese Verfolgung geschah im Namen des Christentums, und damit wurde ihr ein spiritueller Wert beigemessen. Folter und Mord geschahen, um angeblich die Seelen der zu Hexen erklärten Frauen *zu retten* und *zu läutern*, indem man sie durch das Feuer reinigte.

Hinter diesem Geschehen stand sexueller Sadismus, bei dem zölibatär lebende Priester ihre unterdrückten und entarteten sexuellen Triebe an Frauen auslebten, die dadurch zu ihren Opfern wurden. Noch viele Jahrhunderte später haben Themen wie Pornographie und sexueller Missbrauch, die in Euren Gesellschaften so weit verbreitet sind, ihre Wurzeln in dieser Zeit.

Erinnerungen an vergangene Leben voll intensiver körperlicher Empfindungen sexueller Qualen und verzerrter Lust existieren heute noch in den kollektiven Gedächtnisspeichern. Selbst in der Gegenwart zeichnet sich Euer Kulturkreis dadurch aus, dass Ihr diese Dramen weiter ausspielt, um die Abhängigkeiten Eurer Seele von diesen intensiven, mit sexueller Lust aufgeladenen Erfahrungen aufzulösen.

In der afrikanischen, arabischen und in vielen östlichen Kulturen, oft auch in Gegenden, wo eine muslimische Kultur vorherrscht, sind sexueller Sadismus und Missbrauch ebenso gegenwärtig, vor allem in der grausamen Praxis der Verstümmelung weiblicher Genitalien, Beschneidung genannt. Bei diesem Brauch wird der Frau bereits in einem sehr jungen Alter, gewöhnlich mit zwölf Jahren, die Fähigkeit genommen, sich an normaler körperlicher sexueller Lust zu erfreuen.

Auch diese Form der Vorherrschaft und des Missbrauchs wird im Namen von Tugend und Spiritualität praktiziert. Was für ein trauriger Ort ist Euer Planet geworden, so sehr bereit für Veränderungen und Wandel, so sehr bereit, mit dem Prozess zu beginnen, gesündere und liebevollere Formen der Sexualität zuzulassen.

Bitte versteht unsere Worte richtig, wir kritisieren oder verurteilen niemanden. Wie Ihr wisst, gibt es in diesen selbst erschaffenen Dramen keine »Opfer«, denn ALLE Beteiligten sind verantwortlich für diese Energien und müssen sich auch daran beteiligen, sie wieder ins Gleichgewicht zu bringen. Und damit meinen wir wirklich alle von Euch.

Nicht nur die Sexualität ist davon betroffen, auch die Liebe. Es ist so schwierig für ein Paar, seine Liebe im Bereich der Sexualität ausgewogen zum Ausdruck zu bringen.

Es gibt in Eurer Kultur so viele Vorstellungen und Geschichten, die darauf bestehen, dass einer den anderen zu beherrschen hat und es in einer Beziehung das *Recht* gäbe, Sex vom anderen einzufordern.

Selbst als Liebende ist es oft schwierig für Euch, liebevoll und ausgewogen mit diesen Fragen umzugehen. Wir sehen, dass so viele von Euch mit diesen Themen und den Resten der Konditionierung aus vergangenen Leben zu kämpfen haben.

Der erste Schritt zur Heilung und Einführung gesunder Muster: Ein Ausgleich männlicher und weiblicher Energien

In einer patriarchalischen Kultur bringen nicht nur die Männer das Gleichgewicht der Energien durcheinander, jeder macht es. Auch in vielen Frauen sind heutzutage männliche Energien dominant, und es wäre wichtig, dass diese Frauen sich wieder mit ihren inneren weiblichen Energien verbinden.

Diese Dominanz ist ein Ergebnis des Feminismus in Eurer Kultur, der die Frauen von vielen Zwängen befreit und es ihnen ermöglicht hat, ihr Potenzial auch in Bereichen zu entwickeln, die ihnen zuvor verschlossen waren. Es führte allerdings dazu, dass viele Frauen zu maskulin wurden. Ein weiteres Ergebnis des Feminismus ist gewesen, dass sich viele Männer der westlichen Kulturen bemühten, wieder mit ihren inneren weiblichen Energien Kontakt aufzunehmen, und sie wurden in der Folge zu feminin und passiv. So entstand ironischerweise ein neues Ungleichgewicht, bei dem die Frauen oft zu maskulin und die Männer oft zu feminin sind.

Der Schlüssel dazu, wie alle Individuen wieder ins Gleichgewicht gelangen können, liegt darin, die inneren männlichen und weiblichen Energien ins Gleichgewicht zu bringen, denn das würde ein neues Vorbild für das kollektive Bewusstsein schaffen, eines, das an die Stelle des alten Vorbildes treten kann.

Alle müssen mit der inneren männlichen Energie in Verbindung stehen. Es ist die Energie des spirituellen Kriegers und Anführers in Euch. Es ist die solare Energie. Sie ist voller Ausstrahlung, stark, vertrauenerweckend, warm und ausdrucksstark. Es ist die Energie des Handelns. Sie sagt Euch, wann Ihr Euch durchsetzen müsst, sie schenkt Euch Selbstvertrauen und hilft Euch, in der materiellen Welt zu bestehen. Sie ist aktiv und strömt nach außen.

Die weibliche Energie ist die lunare Energie. Sie ist sanft, empfänglich, weich, liebevoll und bedingungslos, aber auch sehr kraftvoll. Dies ist die Energie des Seins. Sie ist passiv (im Sinne von friedlich) und strömt nach innen. Sie ermöglicht es Euch, mit Euch selbst und anderen ohne Wertungen umzugehen. Durch sie empfangt Ihr kreative Ideen, die in Euch geboren und dann an die männliche

Energie weitergereicht werden, damit Ihr sie in der materiellen Welt verwirklichen könnt.

In einem ausgeglichenen Individuum besteht ein ausgewogener Fluss zwischen Handeln und Sein, aktiv und passiv, männlich und weiblich. Dieses innere Gleichgewicht findet sein Spiegelbild in der äußeren Welt, wenn zwei Menschen, die ihre männlichen und weiblichen Energien in sich ausgeglichen haben, eine Beziehung eingehen und sie dann so gestalten können, dass sie harmonisch und liebevoll ist.

Eine ausgeglichene Beziehung ist eine, in der kein Partner den anderen beherrscht, weder spirituell noch mental und emotional oder in sexueller Hinsicht.

Die Beziehungen auf der neuen Erde

Die Beziehungen auf der neuen Erde werden sich sehr von denen unterscheiden, die Ihr jetzt kennt. Sie werden sanfter und spielerischer und zugleich auch weiser sein. Sie werden weniger tragisch und dramatisch sein, dafür fürsorglicher, umsorgender und kameradschaftlicher. Ihr werdet zu der Einsicht gelangen, dass der Sinn einer Beziehung, von *allen* Beziehungen, darin besteht, sich aufeinander verlassen zu können, miteinander zu teilen, einander zu unterstützen und einander aus Eurem eigenen Verständnis von Fülle und Ganzheitlichkeit heraus zu umsorgen.

Ihr werdet nach Beziehungen suchen, deren Grundlage eine Herzensverbindung und die Spiritualität sind, nicht so sehr körperliche und emotionale Anziehung. Auf der alten Erde bildeten körperliche Attraktivität und emotionale Bindung die Kriterien, an Hand derer Ihr eine Beziehung eingegangen seid. Auf der neuen Erde werden Eure Beziehungen im Herzen gegründet sein, im Seelenleben, im Mitgefühl füreinander, in der inneren Verbindung zueinander, im gegenseitigen Respekt und in gegenseitiger Unterstützung. Wir sehen voraus, dass sich viele Beziehungen zwischen Menschen verschiedener Altersgruppen entwickeln werden und auch zwischen Menschen verschiedener Kulturen, Beziehungen, die tief und bedeutungsvoll sein werden und früher doch nicht für möglich gehalten worden wären wegen der begrenzten Auffassung von dem, was im energetischen Rahmen der alten Erde unter einer Beziehung verstanden wurde.

Diese Beziehungen werden entspannt und glücklich sein und zugleich fähig, eine echte Tiefe und Intimität zu erreichen, weil die betreffenden Menschen ein größeres Interesse an der Seelenverbindung haben werden als an den äußerlichen Anzeichen einer Bindung.

Die Menschen werden miteinander teilen und füreinander sorgen, und doch werden beide Partner unabhängig und selbstbewusst im Leben stehen. Auf der neuen Erde kann es keine wechselseitige Abhängigkeit mehr geben. Ein ausgewogenes Kräftegleichgewicht ist von großer Bedeutung. Diese Beziehungen werden harmonisch und liebevoll sein, zwischen zwei gleich starken und fürsorglichen Personen. Es wird keine Überlegenheit mehr geben, keine Opfer, keine Dramen und keinen Missbrauch.

Die Menschen werden sich ihrer Beziehung verpflichtet fühlen und einander innerhalb der Beziehung helfen, sich weiterzuentwickeln. Das wird für alle Beziehungen so gelten, nicht nur für Liebesbeziehungen und Partnerschaften. Auch Freundschaften werden zu einer tieferen und bedeutungsvolleren Erfahrung werden, weil Ihr verstehen werdet, dass Ihr Seelenfamilien habt und dass Eure Freunde oft nahe Seelenverwandte sind, die ebenfalls hier sind, um Euch zu lieben und Euch bei Euren Aufgaben auf dem Planeten zu unterstützen. Wenn sich Eure Beziehungen in diesem liebevollen und ausgewogenen Zustand befinden, wird die Sexualität auch liebevoll und ausgewogen sein.

Die Menschen werden wieder lernen, Ihre schöpferischen und sexuellen Energien auf eine Weise zu feiern und zu genießen, die das Leben wunderschön macht und in die Ekstase führt.

Wir, die Hathoren, sind hier, um mit Euch daran zu arbeiten und Euch auf Eurem Weg in die Welt der wahren Liebe freundschaftlich zu unterstützen.

Das Geschenk der Kraft der Liebe: Bewusste Elternschaft

Das letzte Kapitel dieses Buches schließt den Kreis und führt uns wieder zu dem Thema, mit dem wir begonnen haben: die hinreißenden Kinder, die uns schon so viel geschenkt haben. Es könnte sich durchaus erweisen, dass ihr wichtigstes Geschenk an uns, die Familie der Menschen, darin besteht, dass wir lernen, bewusste Eltern zu sein.

Denn wie könnten wir eine neue Zivilisation erschaffen, die auf Liebe und Frieden beruht, wenn wir Liebe und Frieden nicht zuerst in unseren Familien erschaffen?

Diejenigen von Ihnen, die bereits ein Indigokind erzogen und den Stress und den Schock miterlebt haben, als Ihr Kind alte Muster sprengte und zerschlug, finden es möglicherweise schwer, das zu glauben. Doch es war die Lebensaufgabe der Indigokinder, die negativen Muster im Leben ihrer Familie aufzulösen, in allen Familien auf dem ganzen Planeten, in jedem Land und in jeder Kultur. Und nach ihnen kamen die Kristallkinder, bereit, die Familien voller Seelenkraft und Liebe zu heilen.

Diejenigen Eltern, die Indigo- und Kristallkinder in die Welt gebracht haben, erfuhren alle die Gnade schnellen Wachstums und Erwachens. Ihr Leben wandelte sich, und das empfanden viele als unerfreulich.

Andere erkannten voller Glück das Geschenk der Liebe, das ihre Kinder ihnen brachten, und nahmen es freudig entgegen.

In jedem Indigokind liegt das Potenzial, die Menschen in seiner Umgebung zu einem raschen Bewusstseinswandel zu führen. In jedem Kristallkind liegt das Potenzial, alle in seinem Umfeld eine überwältigende und wundervolle Liebe erfahren zu lassen.

In diesem Kapitel werden wir uns näher mit der Art und Weise befassen, auf die uns diese Kinder bewusst machen, wie ungünstig sich unsere familiären Muster und unser Erziehungsverhalten ausgewirkt haben, und uns dann verdeutlichen, wie sie uns neue Wege aufzeigen, miteinander in Beziehung zu treten, als eine Familie, die voller Respekt füreinander ist und von einer Liebe getragen wird, die alle in ihre eigene Kraft führt.

Über die Erziehung von Indigo- und Kristallkindern: Eine Erziehung vom Herzen aus

In diesen turbulenten und sich schnell wandelnden Zeiten können Sie es als besondere Ehre betrachten, ein Indigo- oder Kristallkind zu erziehen. Sie tragen auf diese Weise dazu bei, dass sich neue Erziehungsstile auf dem Planeten durchsetzen. Außerdem gehen Sie mit Ihrem Kind eine Partnerschaft ein, bei der Sie in ihrer gegenseitigen Beziehung die höchstmögliche Resonanz erreichen, die derzeit überhaupt möglich ist. Welch eine Ehre!

Ihr Indigo- oder Kristallkind ist mit seiner ganz eigenen Lebensaufgabe auf den Planeten gekommen. Ein Indigokind ist hier, um Ihre bestehenden Verhaltensformen und Glaubenssätze herauszufordern, und ein Kristallkind, um Sie die Liebe zu lehren und Ihnen den Weg in Ihre Kraft zu zeigen. Als Elternteil sind sie Partner bei seiner Lebensaufgabe des Lehrens und Heilens.

Sie können Ihrem Kind dabei helfen, seine Lebensaufgabe zu erfüllen, wenn Sie verstehen, was es von Ihnen braucht.

Als Elternteil eines Indigokindes können Sie davon ausgehen, unablässig herausgefordert zu werden, doch wenn sie mit diesen Herausforderungen umgehen können, wird sich eine schöne und leichte Beziehung zwischen Ihnen und Ihrem Kind entwickeln.

Als Elternteil eines Kristallkindes werden Sie sich mit einem sehr starken Willen und ständigen Machtkämpfen auseinandersetzen müssen.

Auch hier gilt, dass Ihre persönlichen Fähigkeiten, damit umzugehen, bewirken werden, dass sich Ihr Kind auf positive Weise entwickeln und entfalten kann.

Über die alten Erziehungsstile

Die alten Erziehungsstile funktionieren bei einem Indigo- oder Kristallkind *nicht*. Davon können Sie ausgehen. Diese Kinder sind hier, um sich diesen Erziehungsstilen entgegenzustellen, sie aufzulösen und etwas Besseres an ihre Stelle zu setzen.

Die Art und Weise, wie Sie erzogen wurden, wird bei diesen Kindern nicht anschlagen. Sie können also die Erziehungsmethoden Ihrer Eltern nicht einfach so wiederholen, weder bewusst noch unbewusst. Als Elternteil eines Neuen Kindes ist es wichtig, dass Sie sich der Gründe bewusst werden, aus denen Sie gewisse Erziehungsmethoden anwenden.

Althergebrachte Erziehungsstile beruhten hauptsächlich auf *Macht* und *Furcht*. Die Eltern fühlten sich ihrem Kind gegenüber verantwortlich, und ihre Pflichten bestanden in der materiellen Versorgung des Kindes, in seiner Erziehung und Heranbildung zu einem Erwachsenen, der sich genauso verhält wie alle anderen Erwachsenen. Das Kind wurde im Wesentlichen durch Furcht vor Strafe erzogen und dazu, die Eltern, Lehrer und andere Erwachsene als Respektspersonen zu betrachten. Außerdem brachte man ihm bei, die Regeln und Normen der Gesellschaft von diesen Respektspersonen zu übernehmen und sie zu befolgen, auch wenn sie seinen natürlichen Neigungen zuwiderliefen. Die Eltern und Erzieher sahen sich als Aufpasser des Kindes. Sie waren deshalb berechtigt, das Kind zu bestrafen, notfalls sogar mit Gewalt, falls es sich gegen die Kontrolle, die üblicherweise in Form von Regeln und Verboten ausgeübt wurde, auflehnte oder sie ignorierte. Sinn und Zweck dieser Regeln und Verbote bestand darin, sicherzustellen, dass sich das Kind in die Gesellschaft einfügte.

Eltern der alten Schule sagten oft Sätze wie: »Du tust das jetzt, weil ich es dir sage« und »Ich bin schließlich deine Mutter/dein Vater« oder »Du tust das, weil es jeder so tut«.

Eltern, die ihre Kinder nach dem alten Muster erziehen, sind autoritär und verlangen Gehorsam und Respekt – allein auf Grund der ihnen durch die Elternschaft verliehenen Macht über das Kind. Diesem Glaubenssystem zufolge gehört das Kind den Eltern, und die Eltern haben deshalb das Recht, von ihm Gehorsam zu verlangen. Außerdem glauben die Eltern, dass sie mehr wüssten als das Kind und selbstverständlich klüger als das Kind seien und ihnen aus diesem Grund das Recht zustehe, von ihm bestimmte Verhaltensweisen zu verlangen und für das Kind Entscheidungen in Bezug auf sein Leben zu treffen.

Über die neuen Erziehungsstile
Die neuen Erziehungsstile gründen auf Liebe und Herzensweisheit. Jedes Kind wird als Geschenk und Privileg angesehen. Erziehung gilt als Herzensangelegenheit, bei der den Erwachsenen die Aufgabe zufällt, eine neu auf dem Planeten angekommene Seele zu umsorgen und zu unterstützen. Diese Aufgabe gründet auf einer Partnerschaft, bei der die Eltern und das Kind gemeinsam ein Abenteuer bestehen: die bewusste Erfahrung des Wachstums und des Lernens innerhalb der von Fürsorge getragenen Beziehung.

In diesem herzzentrierten Erziehungsmodell wird das Kind als das gesehen, was es ist – eine weit entwickelte und reife Seele. Diese Indigo- oder Kristallseele bringt ihr eigenes Wissen mit, das sie den Erwachsenen vermitteln kann, und die Rolle der Eltern besteht häufig darin, das Kind dabei zu unterstützen, der Welt seine Botschaft zu überbringen. Dazu muss das Kind so geliebt und umsorgt werden, wie es ist. Es gilt, das Kind darin zu bestärken und zu ermutigen, ganz und gar zum Ausdruck zu bringen, wer und was es eigentlich ist, und ihm zu ermöglichen, in einer liebevollen Umgebung sein volles Potenzial zu entfalten.

Um ein solcher Elternteil sein zu können, müssen Sie sich durch Liebe, bedingungslose Annahme, Respekt und Toleranz dem Kind gegenüber auszeichnen. Sie müssen auch gut verhandeln und kommunizieren können und die erforderliche Disziplin mitbringen.

Liebe!
Das ist die *allerwichtigste* Grundhaltung von Eltern ihrem Kind gegenüber. Und die meisten Menschen glauben, dass Liebe sich *von selbst einstellt*. Dabei wiederholen Eltern oft einfach nur die von

ihren Eltern übernommenen Erziehungsmuster, ohne darüber nachzudenken, ob sie auch wirklich auf Herzensliebe gründen.

Sie können Ihr Kind gar nicht aufrichtig lieben und respektieren, wenn Sie sich nicht selbst lieben und respektieren. So vielen von uns wurde in ihrer Erziehung vermittelt, sie wären *nicht gut genug*, was das Selbstwertgefühl schwächte und die Selbstliebe und Selbstannahme erschwerte. Jeder, der ein Kind erzieht, muss deshalb darauf achten, dass er oder sie nicht die eigenen unerlösten Themen in Bezug auf Selbstannahme auf das Kind projiziert. Ein solches Kind wird dann als frech bezeichnet oder als schwer erziehbar oder außer Kontrolle, oder es erhält andere Bezeichnungen, die beinhalten, dass es *nicht gut genug* sei.

Oft werden einem Erwachsenen die unterdrückten Gefühle von Ärger und Feindseligkeit durch das Verhalten des Kindes gespiegelt. Ein schwieriges und temperamentvolles Kind agiert also mehr die unterdrückten Gefühle seiner Eltern aus als seine eigenen.

Solange Sie Ihre eigenen Themen noch nicht durchgearbeitet und aufgelöst haben und nicht im Stande sind, sich aufrichtig selbst zu lieben, nicht in Ihrer eigenen Kraft stehen und Ihr ganzes Potenzial zum Ausdruck bringen, wird es für Sie eine große Herausforderung darstellen, ein Indigo- oder Kristallkind großzuziehen.

Sollten Sie all diese Themen wirklich noch nicht für sich geklärt haben, dann wird Ihr Indigo- oder Kristallkind Ihr wichtigster Lehrmeister sein.

Ich kann Ihnen versichern, Sie WERDEN lernen, in Ihrer eigenen Kraft zu stehen und sich selbst zu achten, wenn ein solches Kind dabei ist, Ihnen das beizubringen. Es mag jedoch ein weitaus leichterer Weg sein, wenn Sie bereits über diese Fähigkeiten verfügen. BESITZEN Sie nämlich diese Fähigkeiten, wird die Erziehung Ihres Kindes zu einem Abenteuer des gemeinsamen Wachstums und der fortgesetzten Entfaltung des eigenen Potenzials.

Bedingungslose Annahme

Das ist für Eltern meist einer der schwierigsten Aspekte der Erziehung. Oft verlangt es der elterliche Stolz, dass das Kind gewisse

Erwartungen erfüllt oder bestimmten Rollen nachkommt. Indigo- und Kristallkinder haben jedoch ein klares Selbstverständnis und ihre eigene Auffassung davon, wer und was sie sind. Das ist ihnen sehr bewusst. Und manchmal steht ihr Verständnis davon, wer sie sind, im direkten Gegensatz zu den Erwartungen und Wünschen ihrer Eltern.

Wenn das geschieht, braucht es ganz besondere Eltern, um zu dem Kind sagen zu können: »Ich nehme dich so an, wie du bist« und »Du musst nicht so sein wie ich.«.

Unsichere Eltern fassen möglicherweise die Tatsache, dass ihr Kind sich so sehr von ihnen unterscheidet, als Provokation auf und verlangen dann von dem Kind, dass es sich ihnen anpasst. Doch Eltern mit neuen Erziehungsmustern erlauben es ihrem Kind, sich zu entfalten und das zu sein, was es ist. Sie bestärken sogar Eigenschaften beim Kind, die ihren eigenen Eigenschaften oder ihrem eigenen Denken nicht entsprechen, falls sich die Begabungen des Kindes in diesen Eigenschaften ausdrücken.

Eltern mit neuen Erziehungsmustern können auch akzeptieren, dass ein Indigokind, das zu einem Jugendlichen und jungen Erwachsenen heranwächst, den Wünschen der Eltern nach einer sicheren und verantwortungsbewussten Berufswahl eventuell nicht nachkommt. Der junge Indigomensch wünscht sich vielleicht ein künstlerisches Leben oder möchte lieber die Welt bereisen und das Leben kennen lernen, statt eine Ausbildung oder ein Studium zu absolvieren und einem vorgegebenen Lebensweg zu folgen.

Die Eltern der Neuen Kinder müssen verstehen, dass Indigo- und Kristallkinder ihr Leben als einen täglichen Schöpfungsakt verstehen, als einen Schöpfungsakt, in dem sie frei sind, sich selbst neu zu gestalten, wann immer sie sich dazu inspiriert fühlen. So haben sie wahrscheinlich kein Interesse an Sicherheit und Absicherung, vielmehr an Lebensfreude, Kreativität und Spaß.

Das muss aber nicht notwendigerweise bedeuten, dass sie niemals zu materiellem Wohlstand gelangen können. Oft können sich erwachsene Indigomenschen schon vor ihrem dreißigsten Lebensjahr mindestens denselben Lebensstandard wie ihre Eltern leisten.

Meistens gelingt ihnen das auf eine sehr kreative und ungewöhnliche Art und Weise.

Respekt
Diese Grundhaltung ist nahe verwandt mit bedingungsloser Annahme. Wenn die Eltern das Kind so akzeptieren können, wie es ist, kann aus dieser Annahme gegenseitiger Respekt entstehen. Dieser Respekt füreinander ist eine ganz wesentliche Grundlage für den Aufbau einer guten Beziehung zwischen Eltern und Kind.

Viele der Eltern, die noch nach den alten Erziehungsmustern vorgehen, betrachten ihre Kinder als lebensunerfahren und eigentlich als dumm, bis sie von den lebenserfahrenen und weiseren Erwachsenen eines Besseren belehrt werden.

Eltern, die einem neuen Erziehungsstil folgen, sind sich dessen voll bewusst, dass ihr Kind eine reife Seele in einem kleinen Körper ist, und so gibt es in der Eltern-Kind-Beziehung einen gegenseitigen Austausch über Ideen und Einsichten.

Die Eltern bringen der kindlichen Seele die Fähigkeiten bei, die ein Mensch auf diesem Planeten in der gegebenen Kultur und in der heutigen Zeit zum Überleben braucht. Das Kind lehrt die Eltern neue Sichtweisen in Bezug auf das Leben, die von seiner engeren Verbindung mit der Geistigen Welt herrühren.

Ein solcher gegenseitiger Respekt beinhaltet, dass beide Seiten einander erlauben, zu sein, wer und was sie sind, ohne den Wunsch zu verspüren, einander zu kritisieren oder anzugreifen, wenn es Differenzen gibt.

Eltern mit neuen Erziehungsmustern werden Differenzen sogar als etwas empfinden, was zu feiern ist, in dem beginnenden Verstehen, dass sich darin offenbart, wie vielfältig und voller Möglichkeiten das menschliche Leben auf dem Planeten in der heutigen Zeit ist.

Toleranz
Diese Grundhaltung ist ebenfalls mit Liebe und Respekt verwandt. Gibt es in einer Familie bedingungslose Annahme, Liebe und ge-

genseitigen Respekt, wird es auch Toleranz für die Unterschiede zwischen den einzelnen Familienmitgliedern und ihre individuellen Bedürfnisse geben.

Diese Toleranz kann sich dann auf die Gesellschaft außerhalb der Familie ausweiten. Wenn Sie Ihrem Kind vermitteln, dass Sie mit sich im Reinen sind und es so annehmen, wie es ist, wird es dieses Beziehungsmuster wahrscheinlich auch auf Kontakte in der Schule und auf andere soziale Situationen übertragen.

Diese Toleranz und Annahme auch den Menschen gegenüber, die anders sind, ist ein Teil der Lebensaufgabe der Indigo- und Kristallkinder, und sie wird dabei helfen, eine Welt zu erschaffen, in der alle Menschen angenommen und toleriert sind.

Eltern mit einem neuen Erziehungsstil werden ihrem Kind zeigen, dass sie respektvoll mit Menschen umgehen können, die anders sind. So lernen sie die Unterschiede zwischen den Menschen zu achten und anzuerkennen und die große Vielfalt in der Welt zu genießen, statt sich davor zu fürchten und davon bedroht zu fühlen, wie das so viele der Eltern vermitteln, die Kinder noch nach den althergebrachten Erziehungsmustern erziehen.

Die Wirksamkeit der oben erwähnten Grundhaltungen zeigt sich oft in der Fähigkeit der Eltern, dem Kind lebensbejahende Haltungen vorzuleben und nahezubringen. Das gelingt besonders gut durch Kommunikation, Absprachen und Disziplin.

Kommunikation

Die Kommunikation mit Ihrem Kind ist einer der besten Wege, wie Sie Ihrem Kind Ihre Liebe und Ihren Respekt zeigen können.

Jede Kommunikation besteht aus Geben und Nehmen. Die Person, die sich zum Ausdruck bringt, gibt und teilt ihre Vorstellungen mit, und die Person, die zuhört, nimmt diese Vorstellungen in Empfang. Beides sind aktive Vorgänge, denn auch das Empfangen und Zuhören sind erlernte Fähigkeiten.

Als Elternteil sollten Sie es besser wissen, als Ihrem Kind einfach nur Anweisungen zu geben und zu erwarten, dass es ohne weitere Fragen gehorcht und diese Anweisungen umsetzt. Vor allem sollten Sie bei der Kommunikation mit einem Kind nie so sehr die Geduld verlieren, dass Sie es anschreien!

Wenn Sie bei der Kommunikation Zorn und Gewalt einsetzen, bringen Sie dem Kind lediglich bei, dass man der Lauteste und Aggressivste sein muss, um seinen Willen zu bekommen. Auf ähnliche Weise lehrt auch die Anwendung körperlicher Gewalt das Kind nur, dass man aggressiv und gewalttätig sein muss, um das zu bekommen, was man will.

Das Kind wird diese Kommunikationsmuster verinnerlichen und möglicherweise wieder nach außen tragen, wenn es mit seinen Spielgefährten zusammen ist. Besonders die Kristallkinder sind hier, um ihre eigene Kraft zu erleben, und wenn ein Kristallkind von Ihnen lernt, dass Gewalt mit dieser Kraft gleichzusetzen ist, dann wird es das ausprobieren. Und oft auch an Ihnen.

Es ist weitaus besser, Ihrem Kind zu zeigen, wie man respektvoll und effektiv kommuniziert. Der Schlüssel hierzu liegt darin, dass beide Seiten aufmerksam zuhören, was der andere zu sagen hat, und beim Zuhören auch wirklich aufnehmen und verstehen, was der andere empfindet und braucht.

Reden Sie mit Ihrem Kind über alle familiären Angelegenheiten, von denen es betroffen ist. Gehen Sie nicht einfach davon aus, dass es alles so zu machen hat, wie Sie es für richtig halten, *nur weil es noch klein ist*. Auch Kinder haben eigene Ansichten und Gefühle, die ernst genommen werden sollten, wenn Entscheidungen anstehen, die Auswirkungen auf die gesamte Familie haben.

Absprachen

Absprachen sind ein Teil des Kommunikationsprozesses. Wünschen Sie von Ihrem Kind, dass es sich auf eine bestimmte Weise verhält oder etwas Bestimmtes tut, werden Sie ihm erklären müssen, warum es für Sie wichtig ist, *dass* es sich so verhält.

Indigo- und Kristallkinder reagieren nicht gut auf autoritäre Anweisungen, doch Ihr Kind wird Ihnen interessiert zuhören, wenn Sie ihm ruhig erklären, warum Sie etwas wünschen, und mit ihm eine entsprechende Absprache treffen.

Falls das, was Sie sich von Ihrem Kind wünschen, nicht gerade attraktiv für es ist, können Sie auch eine Belohnung mit ihm ausmachen, die es bekommt, wenn es sich wunschgemäß verhält. So wird das Ganze zu einer Win/Win-Situation, in der beide Seiten etwas erhalten, was sie sich wünschen.

Die wahre Kunst hierbei liegt definitiv nicht in einer geschickten Manipulation des Kindes, auch wenn die Eltern kluger Indigokinder gut aufpassen müssen, dass das Kind bei solchen Absprachen nicht selbst manipulativ wird. Es geht vielmehr darum, dass beide Seiten sich mit der Vereinbarung, die sie getroffen haben, wohl fühlen und zufrieden sind und ihr gerne nachkommen.

Wenn beispielsweise das Aufräumen von Spielzeug ein ständiges Thema ist, handeln Sie mit Ihrem Kind aus, dass es am Wochenende eine Belohnung erwarten kann, sofern es die Woche über jeden Abend sein Spielzeug wegräumt. Unterlässt es das, erhält es die Belohnung eben nicht. Die meisten Kinder werden sich eher auf einen solchen Vorschlag einlassen, als dauerhaft eine Mutter zu ertragen, die sich ständig aufregt, weil das Spielzeug nicht weggeräumt ist. (Indigo- und Kristallkinder haben grundsätzlich andere, wichtigere und phantasievollere Dinge zu tun, als das Spielzeug wegzuräumen.)

Disziplin

Auch wenn ich dieses Thema bis zuletzt aufgehoben habe, ist es im Allgemeinen dasjenige, das zu den nachhaltigsten Diskussionen unter Eltern führt.

Soll man eine Tracht Prügel oder eine Auszeit als Strafe einsetzen, um dem Kind Grenzen aufzuzeigen, oder nicht?

Meine eigene Auffassung dazu lautet: KEINE GEWALT! NIEMALS! Das bringt dem Kind nur bei, dass Gewalt ein Weg ist, mit dem man erreichen kann, was man will.

Ich glaube alledings auch, dass Disziplin ein Konzept ist, das in unserer Gesellschaft kaum richtig verstanden wird. Disziplin wird gleichgesetzt mit Regeln, Vorschriften und Bestrafung. Das Wort Disziplin kommt aus dem Lateinischen und hat dort denselben

Wortstamm wie *discipulus*, was Schüler oder auch Jünger bedeutet. Disziplin hat also etwas mit Lehren und Lernen zu tun. Der beste und effektivste Lehrer ist sicher nicht einer, der herumschreit und Gewalt anwendet.

Im täglichen Leben erfolgt das Lehren und Lernen am effektivsten, wenn es über das Herz geschieht und das Wissen auf freundliche und liebenswürdige Weise vermittelt wird.

Kinder müssen verstehen, wo ihre Grenzen sind und was von ihnen im familiären Alltag erwartet wird. Das trägt dazu bei, ihnen ein Gefühl von Sicherheit zu geben, die wiederum für ihre innere Ruhe sehr förderlich ist. Dieses Wissen kann auf liebevolle und ruhige Weise vermittelt werden, indem die Eltern mit dem Kind reden und Absprachen treffen.

Je mehr Sie Ihre Fähigkeiten einsetzen, sich mit Ihrem Kind auszutauschen und Absprachen zu treffen, desto disziplinierter wird sich Ihr Kind verhalten können!

Ihre Rolle als Eltern besteht darin, Ihrem Kind durch Ihr Beispiel und durch Ihre Worte nahezubringen, was erforderlich ist, um zu einem liebevollen Erwachsenen heranzuwachsen, der ganz in seiner Kraft steht. Darin sind Sie der Lehrer, und das Kind ist Ihr Schüler. In anderen Bereichen mag manchmal auch das Kind Ihr Lehrer sein, und Sie als Eltern sind die Schüler. Lassen Sie in der Beziehung zu Ihrem Kind so viel gegenseitige Liebe und Fürsorge wachsen, wie sie zwischen Jesus Christus und seinen Jüngern wirkte.

Epilog
Vom Abenteuer, als Indigo- oder Kristallmensch zu leben

DIE GESTALTUNG DER KÜNFTIGEN ERDE: DER HÖHEPUNKT DES ABENTEUERS DER INDIGO- UND KRISTALLMENSCHEN

Als ich gerade dabei war, dieses Buch fertig zu stellen, erreichten mich von Erzengel Michael und den Hathoren eine Reihe von Botschaften, in denen mir übermittelt wurde, dass eine zweite Welle von Menschen kurz davor stand, in die Übergangsprozesse einzutreten. Es gab jetzt genügend junge und erwachsene Indigo- und Kristallmenschen, dass die Energie gehalten werden konnte, um weiteren Personen ihr Erwachen und ihren Aufstieg zu höheren Dimensionen der Bewusstheit zu ermöglichen.

Außerdem wurde mir mitgeteilt, dass der Planet selbst nun eine multidimensionale, kristalline Gestalt angenommen hat und wir seit dem 8. August 2004 in energetischer Hinsicht auf einem *Kristallplaneten* leben!

Das ist das größte Geschenk, das die Kristallkinder den Erwachsenen und uns allen machen konnten, denn seitdem brauchen wir nur noch zuzulassen, dass sich das kristalline Bewusstsein um uns herum entfaltet und die neue Erde gestaltet.

Welch ein Segen und welch eine wundervolle Reise, die uns bevorsteht. Welch ein großartiges Abenteuer.

Und dieses Abenteuer hat gerade erst begonnen!

Ich füge die im Juli und August 2004 empfangenen Botschaften hier an, weil sie inhaltlich nichts von ihrer Wichtigkeit und Aktualität eingebüßt haben:

Grossartige Neuigkeiten zum Prozess des Überganges – die nächste Welle ist im Kommen!

von Erzengel Michael

Diese wichtige Botschaft richtet sich an die Familie der Lichtarbeiter, und ganz besonders an diejenigen, die bereits ihren Übergang vollzogen haben oder soeben dabei sind, ihn zu vollenden. Wir möchten Euch wissen lassen, dass Euer Bewusstseinswandel bewirkt hat, dass die nächste große Welle von Menschen, die mit dem Prozess des Überganges beginnen, im Kommen ist!

Was das für Euch bedeutet? Viele von Euch haben sich in letzter Zeit wesentlich wohler gefühlt, Ihr habt die Freude der neuen Erde mitempfunden, die gerade entsteht, und ein Gefühl von Stabilität und Frieden erfüllte Euch. Dann habt Ihr plötzlich die vertrauten Symptome des Übergangsprozesses wieder gespürt und gedacht: »Oh nein, ich habe den Übergang doch NOCH NICHT ganz vollzogen!« Glaubt mir, Ihr Lieben, Ihr habt Euren Übergang bereits ganz vollzogen und seid in den Schwingungen des Bewusstseins der fünften und sechsten Dimension fest verankert.

Warum Ihr dann derzeit die alten Symptome wieder erlebt? Weil Ihr auf der Seelenebene zugestimmt habt, dass Ihr die nächste Welle der Menschen, die sich auf den Übergang vorbereiten, *unterstützen* würdet. Und so haben sie ihrerseits auf der Seelenebene zugestimmt, nun ihre Reise des Bewusstseinswandels anzutreten, eben weil Ihr zugesagt habt, die Energie für sie aufrechtzuerhalten. Das ist eine Aufgabe der Kristallkinder und Kristallerwachsenen. Sie erhalten die Energie für die anderen Menschen aufrecht und unterstützen sie so darin, schneller wieder in einen ausgeglichenen Zustand zu kommen.

Wir wissen, dass Ihr, die erste Welle, eine schwierigere Zeit des Überganges und Bewusstseinswandels hattet, weil es damals nur die Kristallkinder gab, die Euch energetisch unterstützten. Nun habt Ihr Euch mit den Kristallkindern vereint, und gemeinsam seid Ihr jetzt dabei, die Energie für die nächste Welle der Menschen aufrecht zu erhalten. Ihr erlebt derzeit einen starken Durchfluss hoch schwingender Energie, die Ihr *nach außen* fließen lasst, um bei anderen Menschen den Prozess des Überganges zu initiieren, und zugleich empfangt Ihr ihre Energien, um sie umzuwandeln. Wie das geht, habt Ihr ja schon während Eures eigenen Übergangs gelernt. Das mag unter Umständen nicht bewusst geschehen sein, doch Euer Engelselbst weiß genau, wie es geht, also entspannt Euch einfach und bleibt ausgeglichen in dem Wissen, dass die Initiation der nächsten Welle keine lange Zeit benötigt.

Sobald sich Euer kristallines Körpersystem an diese neue Aufgabe gewöhnt hat, werdet Ihr wieder fähig sein, Euer Leben weiterzuführen. Inzwischen erlebt Ihr vielleicht folgende Symptome: Hitzewallungen, Energieschübe (besonders nachts), Gefühle des Ärgers, der Anspannung und Depression. LASST SIE EINFACH DURCH EUCH HINDURCH FLIESSEN, in dem Wissen, dass dies ein Teil Eures gegenwärtigen Dienstes am Planeten ist.

Anschließend seid Ihr für viele Seelen in Eurem *Bereich* so etwas wie ein *Mentor*. Jede Person, die ihren Prozess des Überganges vollzogen hatte, bekam eine Gruppe von Seelen *zugeteilt*, deren Bewusstseinswandel sie initiieren und deren Übergangsprozess sie unterstützen soll. Diese Seelen werden auf höherer Ebene, und vielleicht auch auf physischer Ebene, in Eure Nähe gezogen. Sie brauchen Eure Erfahrung mit dem Prozess und Eure Rückversicherung, weil sie vielleicht nicht ganz so tapfer und beherzt sind wie Ihr von der ersten Welle mit Eurem Löwenmut. Seid so freundlich und unterstützt sie, dann werden sie sowohl mit Eurer Hilfe als auch mit dem Beistand durch die Welt der Engel bald ihren Übergangsprozess und ihren Bewusstseinswandel vollziehen können.

Wir danken Euch für diese Arbeit. Wir wissen, dass Ihr möglicherweise den Eindruck habt, dass alles sehr schnell, viel zu schnell für Euch geschieht, denn die Energie gewinnt an Geschwindigkeit, je mehr Seelen ihrem Übergang und dem Bewusstseinswandel zustimmen. Wir bitten Euch um Eure Unterstützung, und wir danken Euch sehr.

Feiert mit uns, dass mehr und mehr Menschen dazu bereit sind, den Bewusstseinwandel zu vollziehen und mit Eurer Unterstützung zu dem erwachen werden, wer sie wirklich sind!

Liebe und Segen in dieser wundervollen Zeit,
Erzengel Michael

ÜBER DAS STERNENTOR DES SIRIUS
UND DIE GEBURT DES KRISTALLPLANETEN

von den Hathoren

Erste Botschaft:
Im alten Ägypten, damals, als wir in Gestalt der Göttin Hathor mit den Menschen dort arbeiteten, wussten alle, dass die Zeit zwischen dem 22./23. Juli und dem 12. August etwas ganz Besonderes ist. Man feierte sie in Ägypten als den Beginn des neuen Jahres. Sie zeichnete sich dadurch aus, dass der Sirius zusammen mit der Morgensonne aufging, was man den heliakischen Aufgang des Sirius nennt, und durch die alljährliche Überschwemmung des Nils, die dem Land reiche Ernte bescherte.

In Eurer jetzigen Zeit könnt Ihr diese besondere Zeit im Jahr nur noch daran erkennen, dass sich die Sonne in das Sternzeichen des Löwen bewegt. Nun, im alten Ägypten feierte das ganze Volk den heliakischen Aufgang des Sirius als Neujahr. Doch die Priester wussten, dass es damit wesentlich mehr auf sich hatte.

Der gemeinsame Aufgang von Sonne und Sirius am Morgenhimmel symbolisierte den gemeinsamen Aufstieg der Göttin Isis und des Gottes Ra, und das war ein astrologisches Ereignis von großer Bedeutung. So wussten die altägyptischen Priester auch, dass sich zur gleichen Zeit im Jahr die Sonne in das Sternzeichen des Löwen bewegt und sich für die Menschen der »Weg des Löwen« öffnet, was mit einer Phase des Fortschritts, der Weiterentwicklung und der Evolution gleichzusetzen ist.

Zu dieser Zeit öffnet sich nämlich im Bereich des Sirius alljährlich ein kosmisches Sternentor, und eine Flut kosmischen Lichtes ergießt sich wie ein Fluss über die Milchstraße und bringt eine Welle hochgeistiger Energie zur Erde. Sie aktiviert die Evolution auf allen Ebenen. Die Priester nutzten diese Zeit und hielten Zeremonien ab, die dieses kosmische Licht zur Erde führen sollten, damit in der Bevölkerung das Bewusstsein für das *Gesetz des Einen* wieder stieg, die Botschaft der Liebe unter den Menschen.

Wir bitten Euch inständig darum, es der altägyptischen Priesterschaft nachzutun. Öffnet Eure Herzen während dieser Zeit des Jahres und heißt diese Welle des kosmischen Lichts und der kosmischen Liebe willkommen, die dem Herzen der Großen Mutter entspringt und wie ein kosmischer Fluss die Galaxie der Milchstraße bis zur Erde hinunterströmt. Es ist Göttliches Licht, das all denjenigen, die ihr Herz öffnen können, um es in Empfang zu nehmen, große Freude und inneren Reichtum bringt.

Es ist das Geschenk des Sternentores des Sirius und der Göttin Isis, der Großen Mutter. Es ist diese Göttin, die in jeder und jedem von uns die urweiblichen göttlichen Energien zum Widerhallen und zum Erklingen bringt.

Zweite Botschaft:
Die Energie, die jetzt Euren Planeten erreicht, ist ein Segensgeschenk der Göttlichen Mutter und kommt aus dem Zentrum der Galaxie. Es ist eine kraftvolle und umwandelnde Energie, die von den Menschen auf Eurem Planeten in der Vergangenheit durchaus auch schon für negative Zwecke eingesetzt und missbraucht wurde (ein solcher Missbrauch waren im Jahr 1945 beispielsweise die Atombombenexplosionen in Japan). Weil Ihr nun aber am Erwachen seid und begonnen habt, mit den kosmischen Energien, die zu Eurem Planeten fließen, verantwortungsvoll umzugehen, ist so etwas nicht mehr möglich.

Es gibt nun genügend Menschen unter Euch, die in der Lage sind, die Energien durch ihr Wesen umzuwandeln und sie in Form von Liebe und Frieden an den Planeten weiterzugeben. Und so habt Ihr ein Wunder gewirkt. Ihr habt es ermöglicht, dass der Kristallplanet am 8. August diesen Jahres Gestalt annehmen konnte.

Den Begriff Kristallplanet benutzen wir, um einen Planeten zu beschreiben, dessen Zusammenspiel von Licht und Klang in vollkommener Resonanz erfolgt, wie die vollendeten Facetten eines Kristalls. Jede Dimension schwingt in absoluter Harmonie mit der nächsten, und der Planet selbst bewegt sich in multidimensionalem Gleichklang.

Zurzeit ist Euer planetarisches Bewusstsein vorwiegend in der fünften Dimension angesiedelt, wobei es viele Einzelwesen gibt, die ihr Leben noch nach den Mustern des überholten dreidimensionalen Bewusstseins leben. Es gibt aber auch schon Menschen, deren Bewusstsein in die fünfte oder sechste Dimension hineinreicht und die damit begonnen haben, ihre eigenen Wirklichkeiten zu erschaffen. Seit sich das Sternentor des Sirius geöffnet hat, haben viele von ihnen auch die achte und neunte Dimension erschlossen.

Das ist wirklich ein Wunder, denn es bedeutet, dass das voll erwachte Christusbewusstsein, das sich ja auf der Ebene der neunten Dimension bewegt, jetzt als fester Bestandteil des planetarischen Zusammenspiels von Licht und Klang auf dem Planeten immer mit erklingt. Diejenigen, deren Bewusstsein in der neunten Dimension verankert ist, haben nun die Aufgabe, die höheren Frequenzen kosmischer Energie zu empfangen und an jene in den niedrigeren Dimensionen weiterzuleiten. Sie sind die *Hüter der Erde*, die das voll erwachte Christus- oder Kristallbewusstsein in sich tragen. Diejenigen unter Euch, die ihr Bewusstsein zur neunten Dimension öffnen konnten und nun ihren Dienst angetreten haben, aktivieren gerade ihre wunderschönen *Kristallauras*, Euer persönliches harmonisches Gitternetz, das sich mit dem energetischen *Gitternetz des Kristallplaneten* verbindet.

Diese harmonische Verschmelzung war auch im alten Ägypten bekannt. Der Geheimname dafür lautete der *blaue Nil* und der *weiße Nil*. Wenn sich diese beiden zu einem Gesamtstrom vereinigten, gab es Frieden und Reichtum im ganzen Land. Der *blaue Nil* stand für die fünfte und sechste Dimension und der *weiße Nil* für die siebte bis neunte Dimension. Das so geschaffene harmonische Gleichgewicht führte im alten Ägypten zur Blüte der ägyptischen Kultur, die Tausende von Jahren anhielt. Damals trug der Pharaoh die Schwingungen und auch das Bewusstsein der höheren Dimensionen in seinem Wesen. Heutzutage sind es diejenigen unter Euch, die bereits ihren *kristallinen Lichtkörper* entwickelt haben. Sie werden mit der Aufgabe betraut, die Schwingungen und das Bewusstsein der höheren Dimensionen in sich zu bewahren und an den gesamten Planeten weiterzugeben.

Die Erschaffung dieser harmonischen, multidimensionalen Resonanz am 8. August wird viele Veränderungen auf dem Planeten und in Eurem Leben bewirken. Sobald die neuen harmonischen Klänge über alle Dimensionen hinweg ertönen, werden die alten damit beginnen, sich aufzulösen. Dadurch werden sich mehr und mehr Menschen dazu aufgefordert fühlen, die überholten Muster ihres Lebens und Denkens loszulassen und sich freudig den neuen Arten des Daseins und des Bewusstseins zu öffnen.

Wir erinnern Euch noch einmal daran, dass die Schlüssel dazu Liebe, Frieden und Schönheit sind. Die *neue Harmonie* auf einem Kristallplaneten führt zur Bereitschaft des miteinander Teilens, zu einem Bewusstsein der wechselseitigen Abhängigkeit und zur bedingungslosen gegenseitigen Annahme. Auf einem Kristallplaneten herrscht die Schwingung des Friedens vor, wodurch die alten Muster der Trennung und Disharmonie, die Ihr Menschen während der Zeit Eures Exils in der Realität des dreidimensionalen Bewusstseins erschaffen hattet, außer Kraft gesetzt werden.

Wir heißen die Bewohner des Kristallplaneten in der kosmischen Familie der Liebe und Einheit willkommen.

Nach dem Gesetz der Einheit sind wir alle EINS in dem wundervollen ZUSAMMENKLANG der LIEBE und des FRIEDENS.

Voller Liebe sind wir Eure Familie,
die Hathoren

ÜBER DIE AUTORIN

Celia Fenn ist eine Indigo-Kristallerwachsene mit einem Doktortitel in englischer Literatur. Sie hat auch Kunst und Musik studiert und lebt in Kapstadt, Südafrika.

Zwölf Jahre lang arbeitete sie als Akademikerin an der Universität, bevor sie eine Laufbahn als Heilerin und Therapeutin einschlug. In den letzten zehn Jahren hat sie vielen Menschen dabei geholfen, ihren eigenen, persönlichen Heilungsweg zur Ganzheit und zum inneren Frieden zu finden. Besonders intensiv hat sie mit Indigos gearbeitet – Kindern, Jugendlichen und Erwachsenen – und dabei spezifische Programme entwickelt, um diese besonderen Menschen darin zu unterstützen, in Ausgeglichenheit und Frieden ihren Weg durchs Leben zu gehen. Sie erschien in Radio- und Fernsehberichten und wurde von verschiedenen Sendern zu Diskussionen über ihre Arbeit eingeladen.

Celia hat Pionierarbeit in Bezug auf die Bewältigung von Aufstiegssymptomen während der Umwandlung vom Indigo- zum Kristallbewusstsein geleistet. Ihre Artikel dazu sind weltweit in verschiedenen Magazinen online und gedruckt erschienen, und die eigens dafür eingerichtete Sektion auf www.starchildglobal.com, die sich noch mit vielen anderen Themen rund um den Aufstieg befasst, findet ebenfalls weltweit Beachtung.

Celia bietet auch Online-Beratungen an.
Kontakt: celia@starchild.co.za

Wilma Papier, die Koordinatorin des Projekts

Das »Children of Africa« - Projekt von Starchild Global

Wir begannen mit unserem Kinderhilfsprojekt im Jahre 2006 in Sun City, einem in der Gemeinde Sir Lowry's Pass, Großraum Kapstadt, gelegenen Ort. Ich leistete dort bereits kommunale Arbeit und wollte die weltweite Netzwerk-Power von Starchild Global nutzen, um Kindern und jungen Menschen zu helfen.

Die Gemeinde Sir Lowry's Pass fällt in die Kategorie, die in Südafrika als »benachteiligt« bezeichnet wird. Die historische Entwicklung, geprägt durch Sklaverei, Kolonialismus und Apartheid, hat die dort ansässigen Menschen ausgelaugt und ihrer Kräfte beraubt, und das Ziel unseres Projekts besteht nun darin, mit den Kindern und jungen Leuten in der Kommune zu arbeiten, um ihnen ein selbständiges und selbstbewusstes Leben zu ermöglichen. Dazu versuchen wir kommunale Hilfe zu leisten und ihnen Fähigkeiten zu vermitteln, die sie wieder in ihre Kraft führen.

Wir bringen diesen Menschen die Energien der neuen Erde – die Energien von Liebe, gegenseitiger Hilfe und Mitgefühl.

Um damit einen Anfang zu machen, haben wir ein Ernährungsprogramm für Kinder ins Leben gerufen und einen Gemüsegarten angelegt. Die Kinder arbeiten selbst in dem Garten, und gelegentlich beschäftigen wir noch weitere Gemeindemitglieder. Wir forsten auch einen Abschnitt eines Flussufers wieder auf und kultivieren diesen Bereich mit einheimischen Pflanzen, um einen schönen Park anzulegen.

Abgesehen von dieser Grundlagenarbeit unterstützen wir die Jugendlichen darin, im Leben zu bestehen. Wir haben Programme entwickelt, um die Talente junger Gemeindemitglieder zu fördern und ihnen trotz der herrschenden Armut und der sozioökonomischen Fesseln ein Weiterkommen zu ermöglichen.

Koordiniert werden diese Bemühungen in Sun City von Wilma Papier, einer Expertin in Jugendfürsorge. Gemeinsam mit der örtlichen Kinderwohlfahrt leitet sie außerdem noch ein »Safe House«, in dem gefährdete Jugendliche Zuflucht finden können.

Sie können die Fortschritte unseres Projekts gern mitverfolgen. Gehen Sie einfach auf www.starchildglobal.com. Über Ihre weitere Unterstützung über den Kauf dieses Buches hinaus würden die Kinder und Jugendlichen in Sun City sich sehr freuen.

Celia Fenn

Indigo-Erwachsene
Wegbereiter einer neuen Gesellschaft

Sind Sie eine Indigo-Seele und wissen es nicht?

Eine Leseprobe aus dem Buch
von Kabir Jaffe & Ritama Davidson

7

Der Neue Mann und die Neue Frau

Im letzten Vortrag haben wir die Entfaltung der Indigoenergien im ersten und zweiten Chakra erörtert. Jetzt wollen wir untersuchen, wie die Indigoenergien durch das dritte und vierte Chakra wirken. Da diese beiden Chakras so viel mit dem Männlichen und Weiblichen in uns zu tun haben, betrachten wir sie am besten im Zusammenhang mit dem Neuen Mann und der Neuen Frau.

Der Neue Mann

Die hereinkommenden Indigoenergien führen zu Umwälzungen bei den Männern. Sehen wir uns zunächst die Energien dieser Neuen Männer an, denn die Archetypen, die sich in den Männern entfalten, sind für uns als Individuen und als menschliche Rasse sehr bedeutsam. Es läuft darauf hinaus, dass eine vollständig neue Dimension von Männlichkeit entsteht.

Um diese Dimension zu verstehen, möchte ich sie aus der Perspektive der verschiedenen sich öffnenden Zentren im menschlichen Energiefeld betrachten.

In den letzten Jahrtausenden hat sich die Menschheit energetisch vorwiegend auf die unteren drei Chakras konzentriert. Die Energien der unteren drei Chakras wurden im dritten Chakra gebündelt und durch dieses Chakra, dem Chakra der Stärke und des Egos, auch ausgedrückt. Das bedeutet, dass Männer vom Bewusstsein des dritten Chakras dominiert wurden: Wettkampf, Aggression, Macht, Kraft und Ego. Das hat zu einer selbstbezogenen und hierarchischen Herangehensweise an das Leben geführt.

Die Männer waren da draußen auf sich gestellt; und sie wollten durch den Aufstieg in der Rangordnung so viel Ansehen und Macht gewinnen, wie sie nur konnten.

Das ändert sich nun ganz wesentlich. Die hereinkommenden Indigoenergien haben einen kraftvollen Einfluss auf das Herzchakra der Männer. Die Herzen der Männer beginnen sich auf bedeutungsvolle neue Art zu öffnen. Und zusätzlich haben die Energien des dritten Chakras begonnen, aufwärts in das Herz zu strömen. Das bedeutet, dass die Werte Kooperation, Wertschätzung, Würdigung und Sensibilität in Männern beträchtlich geöffnet werden. Einerseits drückt sich das in einem größeren Respekt füreinander aus und in der Bereitschaft, eher zusammen als gegeneinander zu arbeiten, andererseits in einer humanitären Grundeinstellung und einer neuen Großmütigkeit und Großzügigkeit, Fürsorge und Selbstlosigkeit. Es zeigt sich ganz allgemein in einer Wertschätzung des Lebens in all seinen unterschiedlichen Spielarten und der nachlassenden Bereitschaft, anderen Lebewesen zu schaden oder Schmerzen zuzufügen.

Das Öffnen des Herzens vergrößert unsere Fähigkeit zu erhabenen Empfindungen, sie bringt Sanftmut, Zartheit der Gefühle, Besonnenheit und Wärme. Aufgrund der neuen Qualitäten beziehen sich diese Neuen Männer anders auf das Leben.

Man könnte sagen, es sind Männer voller Gefühle – zarter, sanfter und tiefer Gefühle. Es gab zwar schon immer einige Männer, die herzorientiert waren, aber in dieser Breite ist das für die Menschheit neu. Wir wurden davon geprägt, dass die männlichen Archetypen stark, kraftvoll und dominant waren. Obwohl diese Werte in unserer Gesellschaft immer noch große Bedeutung haben, wird der Wert eines Mannes mittlerweile aber mehr und mehr in seiner Sanftheit und Herzlichkeit gesehen.

Männer leiden an einer neuen Art innerer Spannung: Ihr Herz schmerzt, wenn sie egoistisch sind!

Dieser Prozess ist nicht einfach für Männer! Er bringt einige sehr große Herausforderungen mit sich. Ein Grund ist, dass viele Männer, die diese neuen Indigoenergien tragen, auch die machtvollen Solarplexusenergien unserer Vergangenheit tragen. Das Wetteifern ist noch da, der Egoismus ist noch da, die Selbstsucht ist noch da. Nun kämpfen diese Kräfte mit den Energien des Herzens, die über jene Dinge hinausgehen wollen.

Viele Männer befinden sich aufgrund des Konflikts dieser beiden Energiezentren in einem inneren Spannungszustand.

Früher konnte ein Mann selbstsüchtig und aggressiv sein, ohne zu sehr an Schuldgefühlen oder einem schlechten Gewissen zu leiden. Nun ist das anders geworden. Wenn die unteren Energien des Solarplexus aktiv sind, schmerzt uns das Herz. Oft sind diese Solarplexusenergien so stark, dass wir sie nicht stoppen können. Wir werden von ihnen überrollt und sind uns in diesen Momenten noch nicht einmal unseres Herzens bewusst, aber hinterher werden wir uns dessen gewahr und unser Herz leidet.

Viele Indigo-Männer leiden unter der Rohheit ihres eigenen Solarplexus. Dieses Leiden kann für einen beträchtlichen Zeitraum anhalten, bis die Energien sich aufwärts polarisieren und wir in unserem Herzzentrum zur Ruhe kommen.

Die zweite Veränderung, die aufgrund der Indigoenergien, die das dritte und vierte Chakra stimulieren, stattfindet, hat mit einer Hinwendung zur Verletzlichkeit zu tun. Früher war der Mann *per definitionem* stark und mutig – ein Held. Wir sollten keine Angst zeigen, wir sollten keine Feigheit zeigen, wir sollten keine Gefühle zeigen, wir sollten keinen Schmerz zeigen. Diese Haltung diente einem bestimmten evolutionären Zweck. Die Männer lernten dadurch, ihre Ängste zu kontrollieren, die dem Wurzelchakra entsprangen (Angst vor Schmerz und Tod), so dass wir intelligenter auf Situationen reagieren konnten als rein instinktiv mit Flucht oder

Kampf. Obwohl es noch viele weitere Schritte gibt, die zurückgelegt werden sollten, um mit dem Wurzelchakra besser umgehen zu lernen, diente dieser Prozess uns doch so gut, dass wir jetzt ganz andere Schritte gehen können.

Einer dieser Schritte besteht darin, verletzlich zu werden.

Das Öffnen des Herzens und verletzlich zu werden bedeutet, dass ein Mann weinen kann, dass er Schwäche zugeben kann. Ein Mann kann seine Bedürfnisse ehren, er kann Gefühle haben. Verletzlich zu sein bedarf eines noch größeren Mutes, als sich einer Gefahr zu stellen. Viele Männer sind bereit, sich körperlichen Gefahren zu stellen, etwa jemanden aus einem brennenden Gebäude zu retten. Aber wie viele Männer sind bereit zuzugeben, dass sie Angst haben, sind bereit, sich ihren Bedürfnissen zu öffnen und ihre Tränen fließen zu lassen, wenn sie verletzt sind? Sehr wenige Männer können diese Herausforderung annehmen. Aber das ist es, was die Indigoenergien in uns freisetzen.

Gewissermaßen ist die größte Herausforderung, die ein Indigo-Mann annehmen kann, seine eigene Weiblichkeit und Verletzlichkeit. Das bedeutet nicht, dass er machtlos wird, ein Opfer oder weibisch. Es bedeutet, dass er den Mut aufbringt, verletzlich zu sein, seine Gefühle zu leben und mit ihnen umzugehen, und vor allem, dass er den Mut aufbringt, zu *lieben*.

Wir beobachten in der inneren Arbeit, dass die größte Herausforderung, die es wohl gibt, darin besteht, sich für Intimität und Liebe zu öffnen. Wir lieben, aber wir neigen dazu, dabei hinter einer Mauer zu bleiben. Wir bleiben in Sicherheit. Wir lieben durch eine Rolle, vielleicht als Beschützer, Versorger oder »Kümmerer«. Aber das ist eine Form von Liebe ohne tiefere Intimität.

Intimität heißt, sich zu öffnen, die Mauern fallen zu lassen, berührbar zu werden. Die Essenz deiner Seele und der Seele deines Gegenübers treffen sich. Das ist ein zarter Zustand, ein sanfter Zustand. In diesem Zustand bist du verletzlich, weil du dann Schmerzen empfinden kannst. Das ist die Herausforderung, die Indigo-Männer gebeten werden anzunehmen: verletzlich zu werden und sich für die Liebe zu öffnen.

Die neuen Archetypen von Macht in Männern

Eine weitere bedeutsame Veränderung, die auftritt, wenn das Herzzentrum in Männern sich öffnet, ist das Ablegen des Egos und ein Wechsel vom »Ich« zum »Wir«. Früher waren wir Männer tief in das Ego verstrickt. Wir lebten unsere Selbstbezogenheit. Nun beginnen wir unsere Wechselbeziehungen und unsere Verbundenheit mit anderen zu erkennen und dass das, was anderen passiert, deshalb passiert, weil wir alle miteinander verbunden *sind*. Durch dieses Bewusstsein der gegenseitigen Verbundenheit lernen wir, mehr im Sinne des Ganzen zu denken und das Gute zu unterstützen, weil es der Gesamtheit dient.

All das kann zusammengefasst werden in dem oft benutzten Ausdruck »Gemeinschaftssinn« oder – um einen eher esoterischen Begriff zu verwenden – »Gruppenbewusstsein«.

Wir lernen, uns mehr dem Gemeinschaftssinn zu öffnen und dem umfassenderen Gruppenleben, von dem wir ein Teil sind. Wir kommen dahin, uns als Zellen innerhalb des Körpers eines größeren Ganzen zu sehen. Was gut für das Ganze ist, ist im Wesentlichen auch gut für uns. Macht wird vom Ego getrennt.

Man könnte sagen, was sich entfaltet, ist die »Macht der Liebe« im Gegensatz zur »Liebe zur Macht«, die »Macht, Gutes zu tun« im Gegensatz zur »Macht um der Macht willen«. Das ist ein sehr großer Schritt, denn wir lernen, uns selbst nicht mehr so wichtig zu nehmen und unser Ego abzulegen. Wir lernen, uns für andere zu öffnen, empfänglich zu werden für andere und nicht unseren Weg für die einzige Wahrheit zu halten. Wir lernen, zu kooperieren statt zu konkurrieren.

Während das Ego aus dem Weg geräumt wird, kommt ein weiterer Aspekt aus einer höheren »Oktave« des dritten Chakras auf, der für uns sehr wichtig ist: der Sinn für Individualität.

Individualität ist einer der wichtigsten Werte unserer heutigen Welt. Menschen aller Nationen und Kulturen versuchen, sie selbst zu sein, ihre eigene unverwechselbare Ausdrucksform zu finden. Die Menschen möchten ihren eigenen Weg gehen. Diese Art von Individualität ist neu für Männer. Früher kannten wir Individualität nicht in dem Maße, wie wir Ego kannten. Die archetypische Struktur der Welt ruhte auf denen, deren Ego am lautesten war und die die meiste Macht an sich reißen konnten.

Das stellt die Männer vor eine einmalige Herausforderung: »Was mache ich mit meiner Individualität?«, »Wer bin ich eigentlich?«, »Was will ich wirklich?«, »Was fange ich mit meinem Leben an?«, »Wie stehe ich zu meinem Ego?« Wir sind aufgefordert, nach innen zu lauschen. Wir sind aufgefordert herauszufinden, was unser wahres Selbst ist und was es bedeutet, authentisch zu leben.

Was wir früher unsere Individualität nannten, war größtenteils der selbstbezogene Narzissmus des Egos und des Kindes in uns. Als egoistische Kinder taten wir, wonach uns der Sinn stand. Wir haben uns nicht so sehr um die Auswirkungen auf andere gekümmert, uns hat nur interessiert, dass wir bekamen, was wir wollten, dass wir die Nummer eins waren und dass es unserem momentanen Vergnügen diente. Das ändert sich nun. Es muss sich ändern!

Als menschliche Rasse sind wir heute kraftvoller als jemals zuvor. Wir haben mehr Macht. Ob es die Kraft eines Autos oder einer großen Maschine ist, unternehmerische oder finanzielle Macht, die Macht, die Erde zu verändern, die Macht, den menschlichen Körper zu beeinflussen, die Kraft des Verstandes ... Wir verfügen über gewaltige Kräfte. Wir können nicht zulassen, dass das selbstbezogene Ego diese Kräfte für seine eigenen Zwecke benutzt. Das ist einfach zu gefährlich.

Viele der Leiden auf unserem Planeten verdanken sich unserem verantwortungslosen und egoistischen Missbrauch von Macht. Viele der Probleme, denen wir uns heute gegenübersehen, wie Übervölkerung, Luftverschmutzung, Umweltschäden, Krieg, Terrorismus und anderes mehr, sind das unmittelbare Resultat dessen, dass wir nicht den nötigen Respekt und das nötige Verantwortungsgefühl aufgebracht haben. Als Neue Männer haben wir neue Stärken, Empfindungen und Verantwortlichkeiten. Wir müssen diese Verantwortlichkeiten annehmen und von selbstsüchtigen Kindern zu weisen Erwachsenen werden.

Um diese Macht auszubalancieren, müssen wir uns jetzt mehr denn je verantwortlich zeigen für die Einflüsse dieser Macht auf die Gesamtheit des Lebens. Deshalb ist es erforderlich, dass wir Individualität neu definieren und ihr eine neue Bedeutung verleihen, die im Einklang mit unserer höheren Natur, unserem Herzen, unserer Vision und unserer höheren Bestimmung steht.

Diese neue Definition von Individualität würde die beiden Gegensätze vereinen, solide für sich zu stehen als ein einmaliges und kraftvolles menschliches Wesen und dabei in der Lage zu sein, das Ego beiseite zu lassen und innerhalb einer Gruppe zum Wohl des Ganzen zusammenzuarbeiten. Das wird die größte Kraft hervorbringen und zum größten Wohlergehen führen.

Die Neue Frau

Frauen kommen in ihre Kraft, erlangen Verantwortung und Respekt

Ich möchte nun über Indigo-Frauen sprechen. Ein neuer Archetyp und eine neue Energie entfalten sich in den Frauen. Frauen wurden ja Tausende von Jahren lang regelrecht versklavt. Das ändert sich jetzt. Zum ersten Mal erreichen Frauen Gleichberechtigung mit Männern. Frauen kommen in ihre Kraft, erlangen eine neue Verantwortlichkeit, neuen Respekt. Das geschieht, weil das dritte Chakra (Macht und Stärke) und das vierte Chakra (Herz) sich neu integrieren und in der Psyche von Männern und Frauen gleichermaßen als Einheit verbinden.

Wir haben gesehen, dass bei Männern das dritte Chakra sehr aktiv und das vierte Chakra eher geschlossen war. Bei Frauen war das Herz sehr aktiv, aber das dritte Chakra, das Kraftzentrum, zusammengefallen oder eingeschränkt. Frauen waren herzlich, aber nicht in ihrer Kraft. Sie waren offen und großzügig, aber oft fehlte ihnen der Zugang zu ihrer Individualität. Und die Macht, die Frauen hatten, wurde gewöhnlich in eng gesteckten Rahmenbedingungen gelebt. In den letzten dreißig bis fünfzig Jahren hat sich das deutlich verändert. Die Befreiungsbewegung der Frauen war eine äußerliche Widerspiegelung der Öffnung ihres Solarplexus.

Frauen lernen jetzt, was es heißt, in ihre Kraft zu kommen und Macht zu erlangen. Das ist keine leichte Aufgabe. Ihr habt die Tendenz, euch klein zu machen, eure Stärke abzugeben, nicht für euch einzustehen. Das hat euch schon viel Leid verursacht. Es geschieht beispielsweise dann, wenn ihr euch weggebt und in der Folge ausgenutzt werdet. Ein Teil eurer Lernaufgabe besteht darin, dem energetischen Muster des Opfers in euch zu begegnen. Früher wart ihr oft in der Opferrolle. Weil ihr wirklich recht wenig dagegen tun konntet, habt ihr, obwohl ihr gelitten habt, es bis zu einem gewissen Grad akzeptiert oder resigniert.

Das trifft heute nicht mehr auf euch zu. Wenn ihr heute eure Macht abgebt oder von jemandem zusammengestaucht werdet, tut euch das weh, und es macht euch traurig, depressiv, wütend oder verbittert. Die zunehmende Stärke des Solarplexus führt dazu, dass ihr aus der Opferrolle ausbrechen wollt.

Ihr *müsst* ausbrechen! Ihr *könnt* nicht klein bleiben!

Das Problem ist, dass ihr noch nicht wisst, wie man groß ist. Die Herausforderung für Frauen besteht also darin, groß zu sein, Raum einzunehmen, präsent, umfassend, potent, direkt und stark in der Welt zu stehen. Das heißt nicht, dass ihr eure Herzensqualität einbüßt; es heißt, dass ihr nun darauf vertrauen könnt, dass diese Herzensqualität euch in die Kraft bringt.

Die Neue Frau setzt neue Standards für eine neue Art von Beziehungen

Im Zuge dieser neuen Öffnung in euch setzt ihr neue Standards für eine neue Art von Beziehungen, eine neue Art, *sich* zu beziehen. Wir könnten es eine »tiefe Bezugnahme« nennen. Ihr verlangt von den Männern in eurem Leben ein neues Maß an Verbundenheit und Intimität, das auf Bedeutungsfülle und Authentizität beruht. Ihr wollt und braucht ihre Präsenz: Ihr braucht einen Mann, der da ist und euch begegnet – mit seinen Gefühlen. Ihr begnügt euch nicht mehr damit, euch in traditionellen Rollen zu bewegen: die Frau nur als Gattin, als Mutter oder als Liebespartnerin.

Ihr erwartet ein hohes Maß an Offenheit und Intimität, Tiefe und Kommunikation. Ihr seid bereit, euch in Verletzlichkeit zu öffnen, und ihr braucht es, dass euer Mann sich ebenfalls in Verletzlichkeit öffnet. Dadurch seid ihr für Männer eine große Herausforderung geworden! Ich möchte euch sagen, dass es zu eurer Aufgabe als Frauen gehört, die Männer in eurem Leben auszubilden. Die Männer öffnen sich ihrem Herzen, aber es ist immer noch ein mühsames Ringen. Natürlich gibt es immer neue Stufen der Öffnung, die auch ihr noch erfahren könnt, aber in vieler Hinsicht ist euer Herz bereits auf bedeutsame Art offen.

Teil eurer Lernaufgabe ist es, Selbstrespekt, Stärke und Würde zu finden, um Anführerinnen zu werden und die Rolle anzunehmen, Männer in die Liebe einzuführen.

Viele subtile und feine Energien sind euch leicht zugänglich. Die Energien und Schwingungen in Männern sind eher grob und rau. Selbst für die Männer, die bereit sind, sich zu öffnen, ist das eine harte und schwierige Aufgabe. Wir müssen unseren Schwingungszustand von einer niedrigeren Schwingung zu einer höheren Schwingung verändern. Das kann fast körperlich schmerzhaft für uns sein, und wir brauchen dazu Unterstützung und Führung.

Also, Frauen, ihr seid herausgefordert vom Leben, die feinen Energien, die ihr in euch tragt, zu ehren und Verantwortung für sie zu übernehmen und diese Energien dynamischer und aktiver werden zu lassen. Die Männer in eurem Leben wollen und brauchen es, und obwohl sie Widerstand leisten und jammern werden – in ihrem Inneren sind sie offen dafür, und es ist euer Job, auch darauf zu vertrauen und die Initiative zu ergreifen.

Sieht man sich die Probleme auf der Welt einmal genauer an, so werden sie vorwiegend von Männern verursacht: Kriege, Verbrechen, Ausbeutung des Landes und vieles mehr sind im Wesentlichen männliche Themen. Die Qualitäten, die ihr als Frauen habt, werden dringend gebraucht. Tritt euer Solarplexus nicht in Aktion, bleibt ihr ein Opfer der Männer und der Vergangenheit, und die wundervollen Qualitäten in euch bleiben unwirksam. Frauen, es ist nötig, dass ihr euren Solarplexus erweckt, eure Macht, und dass ihr sie mit eurem Herzen zusammenführt und dann daraus handelt. Eure Männer brauchen es. Die Welt braucht es.

Wir haben mehr Macht als jemals zuvor, aber unsere Reife hat mit unserer Macht nicht Schritt gehalten. Als Frauen habt ihr Respekt vor dem Leben, seid ihr bereit, selbst zur Seite zu treten und dem größeren Ganzen zu dienen, und ihr habt einen tiefen Gemeinschaftssinn. Ihr müsst uns Männer darin unterrichten.

Ich möchte eine Herausforderung aussprechen: In vieler Hinsicht ruht die Zukunft in euren Händen, denn in euch sind die neuen Werte der neuen Menschheit präsent und durch euch finden sie ihren Ausdruck. Wir Männer wachsen, aber wir wachsen nicht schnell genug im Vergleich mit der Macht, die wir erworben haben, und mit den Bedürfnissen der Welt. Ihr Frauen besitzt bereits Reife, Bewusstheit und Herzlichkeit.

Erwacht zu eurer Stärke, übernehmt eure Verantwortung.

Die Neue Frau erwartet ein Maß an Ehrlichkeit in der Beziehung, das früher fast gänzlich unbekannt war

Das bringt uns zum Thema des Ausdrucks. Eine neue Art sich zu beziehen entsteht, beruhend auf Tiefe und Kommunikation. Ihr wollt über echte Dinge reden, über echte Gefühle. Ihr gebt euch nicht damit zufrieden, in eurer Kommunikation oberflächlich zu bleiben. Und ihr erwartet in euren Beziehungen ein bisher nicht gekanntes Maß an Ehrlichkeit.

Diese Ehrlichkeit ist nicht einfach. Oft bedeutet das, etwas von sich offenlegen zu müssen, das man lieber nicht offenlegen möchte:

seine Verletzlichkeit, seine Unzulänglichkeit oder seine Scham. Und oft bedeutet das, dem anderen den Spiegel der Bewusstheit vorzuhalten, damit er die gleichen Dinge auch in sich selbst sehen kann.

Also, Frauen: In dem Maße, in dem ihr euch für eure Stärke öffnet, öffnet ihr euch auch für eine neue Ebene der Kommunikation, die sowohl eine Herausforderung als auch ein Geschenk ist. Ihr erwartet eine Beziehung, die auf Wahrheit und nicht auf Lügen, auf Ehrlichkeit und nicht auf Täuschung, auf Direktheit und nicht auf Indirektheit beruht.

Das lässt sich sehr gut in einer Aussage zusammenfassen, die ich schon einmal zitiert habe und die ich jetzt gerne wiederholen möchte. Buddha sagte:

»*Eine Lüge ist am Anfang süß, aber am Ende bitter.*
Wahrheit ist am Anfang bitter, aber am Ende süß.«

Diese Aussage fasst eine der grundlegenden Veränderungen zusammen, die die Indigoenergien uns bringen: auf Wahrheit beruhende Beziehungen. Im nächsten Vortrag werden wir uns damit eingehender beschäftigen.

**Lesen Sie bitte weiter
im nebenstehenden Buch ...**

Kabir Jaffe &
Ritama Davidson

INDIGO-ERWACHSENE. WEGBEREITER EINER NEUEN GESELLSCHAFT

Sind Sie eine Indigo-Seele und wissen es nicht?

208 Seiten, gebunden, illustriert, mit Leseband
Amra Verlag, € 19,90

ISBN 978-3-939373-10-0

Eine neue Art Mensch tritt in Erscheinung, als nächster Schritt in der Entwicklung der Menschheit. Es sind visionäre und kreative Frauen und Männer, fortschrittlich, sensibel und unabhängig. Sie sind frustriert vom bestehenden Gesellschaftssystem und wollen zu einer besseren Welt beitragen. Sie verkörpern neue Auffassungen, ein anderes Denken und Fühlen.

Vielleicht sind Ihnen Indigo-Kinder ein Begriff, und Sie haben nie daran gedacht, dass viele davon bereits erwachsen sind. Das vorliegende Buch hilft Ihnen herauszufinden, ob Sie ein Indigo-Erwachsener sind. Die Autoren beschreiben die Eigenschaften dieser Generation. Sie helfen diesen Menschen, ihr ganzes Potenzial zu leben und ihrer Bestimmung zu folgen.

Mit einer Checkliste typischer Indigo-Merkmale!

Kabir Jaffe ist als Psychologe mit umfassender Ausbildung in Humanistischer und Transpersonaler Therapie seit 30 Jahren auf dem Gebiet der Bewusstseinsforschung tätig. Ritama Davidson war professionelle Tänzerin und arbeitete lange Jahre als Energietherapeutin in eigener Praxis. Gemeinsam gründeten sie 1994 das Essence Training Institute, das seitdem beständig wächst in Europa, Südamerika und den USA.

Weitere Leseproben auf www.amraverlag.de

Liebe
Heilung
Gesundheit

*»Liebe führt zur Heilung
des Menschen und der Gesellschaft.
Gesundheit ist zum Ausdruck
gebrachte Liebe.«*

AMRA
der Verlag mit der Vision

Bitte beachten Sie auch
die folgenden Titel unseres Verlages.

Erhältlich in jeder Buchhandlung und direkt bei:
AMRA Verlag
Auf der Reitbahn 8
D-63452 Hanau
info@amraverlag.de

Nutzen Sie unseren Bestellservice auf:
www.amraverlag.de

Innerhalb Deutschlands portofrei!

Bestell-Hotline 0 61 81 - 18 93 92

Horst Krohne

NEUE SICHT DES GEISTIGEN HEILENS

Zur Behandlung
psychosomatischer
Erkrankungen

160 Seiten, gebunden,
illustriert, mit Register
Amra Verlag, € 14,90

ISBN 978-3-939373-01-8

Was Sie schon immer über Geistiges Heilen wissen wollten und nie jemanden zu fragen wagten!

Seit 25 Jahren ist Horst Krohne als Geistheiler tätig und mittlerweile in ganz Europa ein Begriff. Einer breiteren Öffentlichkeit wurde er im deutschen Sprachraum besonders durch seine Allergie-Behandlungen im Fernsehen bekannt – etwa auf ARTE, RTL und im ZDF.

Erstmals berichtet Horst Krohne über die Hintergründe seiner Arbeit: Wie geschieht Heilung? Was zeichnet einen modernen Geistheiler aus? Wie arbeitet er auf der Ebene der Chakren und Meridiane? Welchen Stellenwert hat Mitgefühl bei der Behandlung? Wie stellt der Heiler eine Amalgamvergiftung fest? Wie löst er Allergien auf? Wie geht er bei Krebs und AIDS vor?

Horst Krohne unterrichtet ein wissenschaftlich fundiertes System, das jedem Menschen die Möglichkeit gibt, geistige Heilweisen auszuüben.

Leseproben auf www.amraverlag.de

William Stillman

AUTISMUS UND DIE VERBUNDENHEIT MIT GOTT

Erkenntnisse über die
hohe Spiritualität von
Menschen mit Autismus

192 Seiten, gebunden,
mit Bibliografie und Leseband
Amra Verlag, € 19,90

ISBN 978-3-939373-14-8

Autismus ist in den USA bei Kindern bereits weiter verbreitet als Krebs oder das Down-Syndrom.

1990	–	1 von 10.000 Kindern
2000	–	1 von 500 Kindern
2007	–	1 von 150 Kindern

Und auch bei uns nimmt die Zahl diagnostizierter Fälle erschreckend zu. Dabei ist keine einzelne Ursache für Autismus bekannt – und kein Heilmittel. Die Leidtragenden werden als Opfer bezeichnet, ihrer Fähigkeiten beraubt durch eine verheerende Krankheit. Autismus wird als Gebrechen und als Strafe beschrieben. Aber was, wenn es einen Zweck verfolgt? Was, wenn ein Plan dahintersteht? Was, wenn es stattdessen eine Gabe ist? Was, wenn Autismus eine Verbundenheit mit Gott ist?

Das erste Buch über Autismus und Spiritualität!

William Stillman weist selbst das Asperger-Syndrom auf. In seinem Buch zeigt er die besonderen mentalen Fähigkeiten autistischer Jugendlicher und die großartige Chance, die sich allen nicht-autistischen Menschen durch den Austausch mit ihnen bietet.

Leseproben auf www.amraverlag.de

Meg Blackburn Losey

THE CHILDREN OF NOW

Kristallkinder, Indigokinder,
Sternenkinder und das Phänomen
der Übergangskinder

240 Seiten, gebunden,
illustriert, mit Leseband
Amra Verlag, € 21,90

ISBN 978-3-939373-09-4

Eine große Anzahl Kinder kommt in diese Welt, die nicht mehr mit herkömmlichen Maßstäben zu messen sind. Sie kommunizieren telepathisch, können mit feinstofflichen Energien umgehen und haben erstaunliche mediale Fähigkeiten. Viele erinnern sich daran, wo sie vor ihrem Aufenthalt auf der Erde waren.

In Berichten und Gesprächen zeigt die Autorin, zu welchen multidimensionalen Realitäten diese Kinder Zugang haben. Sie erklärt ihre seelische Struktur durch Parallel-Aspekte und das Phänomen der Bewusstseinsprojektion in Form von Orbs, bietet aber auch praktische Lösungen, wie die Gesellschaft diese talentierten Kinder unterstützen und fördern kann.

In der Tradition von Drunvalo Melchizedek!

»Meg Blackburn schafft wie niemand sonst eine Öffentlichkeit für die Neuen Kinder, und sie bezieht ihre Informationen direkt von der Quelle – den Kindern selbst.«
         Lee Carroll, Autor von *Die Indigo-Kinder*

Leseproben auf www.amraverlag.de

Meg Blackburn Losey

THE CHILDREN OF NOW. GESPRÄCHE MIT DEN NEUEN KINDERN

Liebe, Gott, das Seelenreich und die Erde nach 2012

256 Seiten, gebunden, illustriert, mit Leseband
Amra Verlag, € 21,90

ISBN 978-3-939373-11-7

Immer mehr Kinder werden geboren, die ihre Verbindung zur geistigen Welt nicht verlieren. Die ersten Generationen geben jetzt Antworten auf unsere Fragen: Wie war es, als ihr in dieses Leben kamt? Erinnert ihr euch an die Quelle? Warum seid ihr hier? Was ist der Sinn des Lebens? Gibt es noch andere Welten? Wie können wir Erfüllung finden? Was ist wahre Liebe? Wer ist Gott? Wohin gehen wir nach dem Tod? Welche Veränderungen erwarten uns 2012, wenn der Maya-Kalender endet?

»Dieses Buch wurde von Kindern geschrieben. Und zwar von ganz besonderen Kindern, denn sie repräsentieren das, was viele als neues Bewusstsein auf Erden bezeichnen – eine Weiterentwicklung der Menschheit. Ist das möglich? Evolviert die menschliche Rasse tatsächlich? Wenn ja, dann werden Sie das zuallererst an den Kindern sehen und in diesem Buch.«

Aus dem Vorwort von Lee Carroll

Dr. Meg Blackburn Loseys Bücher über die Neuen Kinder wurden zu internationalen Bestsellern. Sie war Beraterin bei *Good Morning America*, der größten TV-Nachrichtensendung der USA, und moderiert eine regelmäßige Radiosendung auf der Webseite von Shirley MacLaine. Ihre eigene Webseite www.spiritlite.com wird jeden Monat mehr als 500.000 Mal aufgerufen.

Leseproben auf www.amraverlag.de

Meg Blackburn Losey &
Michaela Merten

INSIDE AND OUT

Eine Fantasiereise
für Kinder zur Entfaltung
ihrer Begabungen

78 Min, deutsch, englisch,
instrumental, im Jewelcase
Amra Records, € 19,50

ISBN 978-3-939373-19-3

»Eine lustige und behutsame Erkundung, die erst für Schutz sorgt und dann ganz tief hinabsteigt, um Dinge zu finden, die sich nicht gut anfühlen (Probleme, Sorgen, Ängste), und sie dann auflöst. Danach werden wundervolle Päckchen mit guten Dingen ausgepackt, wie Glück, Fantasie und Anteilnahme. Eine herrliche kreative Reise!« – Dr. Meg

Meg Blackburn Losey, eine begnadete Heilerin und Therapeutin, die auf der Webseite von Shirley MacLaine eine regelmäßige Radiosendung unterhält, hat ihre erste Meditations-CD für Kinder herausgebracht. Ihre Bücher über die Neuen Kinder sind zu internationalen Bestsellern geworden.
Sie hält Seminare und Workshops auf der ganzen Welt.

Den deutschen Text zur einfühlsamen Musik des New Yorker Grammy-Gewinners Barry Goldstein spricht Michaela Merten.

Mit der Sat.1-Serie »Katrin ist die Beste« hat Michaela Merten wöchentlich bis zu sechs Millionen Zuschauer vor den Bildschirm gelockt. Sie wurde 1999 zur beliebtesten Schauspielerin gewählt und ist auch eine gefragte Referentin und Bestsellerautorin für die Themen Wasser, Ernährung, Prävention und Gesundheit.

Hörprobe auf www.amraverlag.de

Jonathan Goldman

KLANGHEILUNG.
DIE SCHÖPFERKRAFT
DES OBERTONGESANGS

Mit Anleitungs-CD zum
Erlernen heilender Klänge

256 Seiten, gebunden,
illustriert, mit Leseband
und Oberton-Diskografie
Amra Verlag, € 22,90

ISBN 978-3-939373-04-9

Alles schwingt, darin sind sich Altertum und moderne Physik einig – und harmonische Schwingungen führen zur Heilung.

In dieser neu überarbeiteten Ausgabe eines Standardwerks der Energiemedizin zeigt Jonathan Goldman, wie wir bewusst Schwingungen hervorrufen können, die ihren Weg durch die Materie nehmen – bis in die höchste Feinstofflichkeit hinein. So kann unsere Stimme das Energiesystem jedes Menschen harmonisieren, Entspannung herbeiführen und Krankheiten auflösen. Wir können auf diese Weise sogar unsere Realität verändern.

Das ist das Geheimnis und die Schöpferkraft des Obertongesangs.

Jonathan Goldman ist der bedeutendste Lehrer für Klangheilung im Westen. Er hat bei Klangmeistern aus der wissenschaftlichen und spirituellen Tradition studiert und mehr als zwanzig teil preisgekrönte CDs herausgebracht. Weltweit hält er Vorträge zur therapeutischen und transformierenden Anwendung von Klang und veranstaltet Workshops, in denen er seine meisterhafte Technik des Obertongesangs weitergibt.

»Dieses Buch ist ein großes Geschenk an die Menschheit!«
    Kitaro, mehrfach ausgezeichneter Musiker und Komponist

Leseproben auf www.amraverlag.de

» *Ich liebe dieses Buch!* «
Neale Donald Walsch

Stephen Simon
DIE MACHT IST MIT DIR

Spirituelles Kino – Hollywoods neue Botschaften

Mit einem Vorwort von Neale Donald Walsch

352 Seiten, gebunden, mit Leseband, Lexikonteil, Namens- und Filmregister, **nur 19,90 €**

- Regisseur von *Gespräche mit Gott* und *Indigo der Spielfilm*
  - Produzent von *Hinter dem Horizont* und *Body of Evidence*
    - Mitbegründer des weltweiten Spiritual Cinema Circle ...

»Stephen Simons *Die Macht ist mit Dir* schildert erstmals die Anfänge eines neuen Kinogenres – des spirituellen Films.«
James Redfield
Die Prophezeiungen von Celestine

Leseproben auf www.amraverlag.de